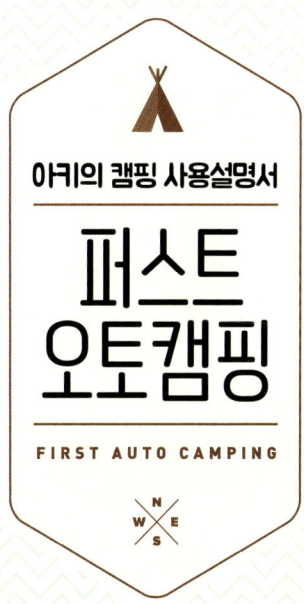

Foreign Copyright:
Joonwon Lee
Address: 3F, 127, Yanghwa-ro, Mapo-gu, Seoul, Republic of Korea
            3rd Floor
Telephone: 82-2-3142-4151
E-mail: jwlee@cyber.co.kr

아키의 캠핑 사용설명서
퍼스트 오토캠핑

2015. 4. 30. 1판 1쇄 발행
2020. 10. 12. 1판 3쇄 발행

> 저자와의
> 협의하에
> 검인생략

지은이 | 황인구
펴낸이 | 이종춘
펴낸곳 | BM (주)도서출판 성안당

주소 | 04032 서울시 마포구 양화로 127 첨단빌딩 3층(출판기획 R&D 센터)
       10881 경기도 파주시 문발로 112 출판문화정보산업단지(제작 및 물류)
전화 | 02) 3142-0036
       031) 950-6300
팩스 | 031) 955-0510
등록 | 1973. 2. 1. 제406-2005-000046호
출판사 홈페이지 | www.cyber.co.kr
ISBN | 978-89-315-8954-2 (13690)
정가 | 20,000원

이 책을 만든 사람들
책임 | 최옥현
진행 | 조혜란, 네모기획
교정·교열 | 안종군
본문·표지 디자인 | 디박스
홍보 | 김계향, 유미나
국제부 | 이선민, 조혜란, 김혜숙
마케팅 | 구본철, 차정욱, 나진호, 이동후, 강호묵
마케팅 지원 | 장상범, 조광환
제작 | 김유석

이 책의 어느 부분도 저작권자나 BM (주)도서출판 성안당 발행인의 승인 문서 없이 일부 또는 전부를 사진 복사나 디스크 복사 및 기타 정보 재생 시스템을 비롯하여 현재 알려지거나 향후 발명될 어떤 전기적, 기계적 또는 다른 수단을 통해 복사하거나 재생하거나 이용할 수 없음.

■ 도서 A/S 안내

> 성안당에서 발행하는 모든 도서는 저자와 출판사, 그리고 독자가 함께 만들어 나갑니다.
> 좋은 책을 펴내기 위해 많은 노력을 기울이고 있습니다. 혹시라도 내용상의 오류나 오탈자 등이 발견되면 **"좋은 책은 나라의 보배"**로서 우리 모두가 함께 만들어 간다는 마음으로 연락주시기 바랍니다. 수정 보완하여 더 나은 책이 되도록 최선을 다하겠습니다.
> 성안당은 늘 독자 여러분들의 소중한 의견을 기다리고 있습니다. 좋은 의견을 보내주시는 분께는 성안당 쇼핑몰의 포인트(3,000포인트)를 적립해 드립니다.
> 잘못 만들어진 책이나 부록 등이 파손된 경우에는 교환해 드립니다.

아키의 캠핑 사용설명서

퍼스트 오토캠핑

FIRST AUTO CAMPING

황인구(아키) 지음

BM (주)도서출판 성안당

머리말

캠핑은 나에게 특별한 것이 아니었다. 중학생 시절, 아버지를 따라 낚시를 자주 갔다. 나는 아버지를 대신해 텐트를 설치하고 잠자리를 마련했다. 라면을 끓이는 등 아버지께서 낚시에 전념하실 수 있도록 해드렸다. 대학교 시절, 등산이라는 미명하에 흔한 엠티(M.T.)를 많이 했다. 이 과정에서 캠핑은 부수적인 영역이었다. 어느덧 아저씨가 되고, 아버지가 되었다. 취미 없이 살아가던 평범한 삶에 캠핑이 들어왔다. 그렇게 메인이 아닌 부수적인 캠핑이 주인공 대접을 받는 시대가 도래한 것이다.

캠핑이 서브(Sub)가 아닌 주축(Main)이 된 시대, 과거의 캠핑 방식과 단절하고 새로운 지식을 습득하며 새로운 신세계, 즉 오토캠핑의 세계로 들어가게 된다. 지금과 같이 간편한 지식이 없던 시절, 개인 블로그와 캠핑 카페를 오가면서 공부했다. 새로운 단어가 나타나면 곧바로 검색을 했고, 미국과 유럽 각지의 웹 사이트를 돌아다니면서 캠핑에 대한 공부를 했다.

수개월 동안의 개인 학습을 통해 저렴하고 간결하게 준비를 했다. 드디어 첫 캠핑을 한 그날, 비가 밤새 내렸고, 빗물이 저렴한 가격의 텐트 내부에 강물을 만들어주었다. 싸구려 침낭은 물에 젖어 눈물짓게 했다. 두 번째 캠핑에서도 비를 만나 슬픈 캠핑이 되었다. 비탈에 미끄러져 온몸이 진흙이 된 그 비참한 순간, 난 캠핑을 더 이상 하고 싶지 않았다. 집으로 돌아와 장비를 정리하면서 생각이 달라졌다. 그 신선한 공기와 푸른 숲이 다시 그리워졌다. 몇 번의 캠핑을 거듭하며 진화하기 시작했다. 블로그에 이런 캠핑 과정을 기록하면서 경험을 나누고 싶다는 생각이 들었다. 하지만 쉽게 시작하지 못했다. 미력한 내 지식에 부끄러운 마음이 들었다.

다산 정약용 선생께서 유배지에서 아들에게 보낸 편지 중 귀한 글을 읽었다.

"네가 양계(養鷄)를 한다고 들었는데 양계란 참으로 좋은 일이긴 하지만, 이것에도 품위 있는 것과 비천한 것, 깨끗한 것과 더러운 것의 차이가 있다. 농서(農書)를 잘 읽고 좋은 방법을 골라 시험해보아라.
색깔을 나누어 길러도 보고, 닭이 앉는 홰를 다르게도 만들어 보면서 다른 집 닭보다 더 살찌고 알을 잘 낳을 수 있도록 길러야 한다.
또 때론 닭의 정경을 시로 지어보면서 짐승들의 실태를 파악해보아야 하느니, 이것이야말로 책을 읽는 사람만이 할 수 있는 양계다. 닭을 기르고 있으니 아무쪼록 앞으로 많은 책 중에서 닭 기르는 법에 관한 이론을 뽑아낸 뒤 차례로 정리하여 계경(鷄經, 닭 기르는 법) 같은 책을 하나 만든다면 좋을 것이다. 속사에 종사하면서도 선비의 깨끗한 취미를 갖고 지내려면 언제나 이런 식으로 하면 된다."

용기를 냈다. 취미를 그저 취미로 즐기지 않고 다산 정약용 선생이 말씀하신 것과 같이 이를 한번 정리해보았다. 나의 관점에서 책으로 만들었다.
캠핑을 위해 갈 지(之)자 행보를 하며 고생한 나와 같은 사람이 더 이상 없었으면 하는 마음이다. 처음 오토캠핑을 시작하는 분들에게 유용하도록 정리했다. 내가 경험한 8년 동안의 시간을 담았다. 깊지는 않더라도 넓게 보이도록 했다. 즐거운 마음으로 읽으시고 가족, 연인과 행복한 캠핑을 하시길 기원한다.

저자 황인구

추천사

저자를 안 지도 이제 조금 지나면 10년이 된다. 2009년부터 그는 이미 유명한 블러거였다. 그가 몇 년 전부터 준비하던 책이 나온다는 소식을 들었을 때, 누구보다 기대를 하였다. 책의 내용은 이미 블로그에서 검증되었듯이 내용이나 구성 면에서 손색이 없다. 또 그의 성격대로 꼼꼼하게 사진 찍는 방법과 블로그를 사용하는 방법까지도 자세히 안내해주고 있다. 옆에서 지켜본 그의 캠핑과 관련된 모든 지식을 이 책에 함축해 놓은 듯하다. 캠핑을 처음 시작하거나 캠핑에 싫증을 느끼는 캠퍼들에게 이 책을 주저 없이 추천하고 싶다. 이 책을 읽는다면, 캠핑의 가장 멋진 멘토와 인연을 맺는 첫 걸음이 될 것이다.

· 가을하늘 이동환(캠핑퍼스트 운영자) ·

건축가의 습성은 먼저 건물을 지을 땅을 보고, 그 땅을 향하는 햇빛과 그늘의 방향을 가늠한다. 계절마다 불어오는 바람의 강도와 그곳까지 닿는 길의 굽이침으로 어떤 건물을 지을 것인지 결정한다. 야영지에 짓는 텐트도 천으로 만든 집이라 그 안에 밀고 들어가 버티는 폴대는 건물의 대들보와 기둥과 보 서까래의 역할을 거뜬히 해낸다. 그의 인터넷 별명은 아키다. 이는 아키텍처(건축가)의 줄임말인데, 직업병인지 아니면 타고난 것인지 모르지만, 그는 야영지에 가면 늘 주변과 계절을 보고 들집을 짓는다. 누군가에게 텐트와 야영을 추천하는 일은 집 짓기와 살림 방법을 추천하고 알려주는 일만큼 어렵다. 그 어려운 일은 마땅히 전문가가 해야 옳다. 그는 이 책에서 좋은 야영지의 조건과 좋은 텐트를 고르는 방법에 대해 소개하고 있다. 이번에 그가 고심하여 낸 이 책은 전문가의 끈기 있고 예리하며 깊은 조언이다. 야영을 시작하려거나 이제 빠져들기 시작했다면 꼭 읽어보길 권한다.

· 겨울노을 김종보(수필가) ·

이 책은 캠핑에 대한 친절한 가이드 역할을 넘어 관찰의 품격을 갖추고 있다. 나는 이 책이 정보가 담긴 책이라기보다는 감수성, 감정이입, 캠핑 상상력이 담긴 책이라고 말하고 싶다. 캠핑이 조금 시들해진 지금, 나는 다시 한 번 말하고 싶다. "우리는 캠핑이 더 필요하다." 그리고 반복하고 강조하고 싶다. "우리는 캠핑할 시간이 더 많아야 한다. 우리는 자연과 더 가까워져야 한다."
나는 이 책을 가이드라고 생각하지 않는다. 제품 그리고 브랜드의 장단점까지 적혀 있고, 사용법 그리고 좋은 야영장까지 소개하고 있지만, 그가 말하는 이면에는 이 무지막지한 돈의 논리에서 벗어나기란 불가능하므로 우리가 더 캠핑에 다가가는 시간이 많아져야 하고, 우리가 캠핑을 더 알기 위해 노력해야 한다는 뜻이 숨어 있다.

· 남장바리 박정하(기글스 운영자) ·

"캠핑 어떻게 해야 돼?"라고 질문하면 답해주기가 참 어렵다. 알려줘야 할 것이 많기 때문이다. 어떤 것을 사서, 어디로 가고, 무엇을 해야 하나? 책을 받는 순간 "아! 바로 이거야." 하며 탄성을 질렀다.
캠핑을 시작하는 분에게 이 책을 자신 있게 추천한다. 읽다 보면 컨설팅을 받는 듯한 느낌이 든다. 독자들도 저자의 꼼꼼한 성격이 잘 반영된 이 책을 통해 즐거운 캠핑을 시작해보길 바란다.

· 실버스톤 서은석(캠핑존 대표이사) ·

차례

머리말 • 4
추천사 • 5

CAMPING 1
왜 캠핑인가?

1 • 지금은 캠핑 시대 • 12
2 • 캠핑에서 느끼는 즐거움 • 14
    1 | 아버지의 귀환 14
    2 | 세상은 잠시 잊자 14
    3 | 자연 속에서 느끼는 자유 15
    4 | 다른 취미로의 발전 16
3 • 다양한 캠핑 스타일 • 18
    1 | 오토캠핑 18
    2 | 백패킹 20
    3 | 투어링 캠핑(Bike & Motorcycle) 21
    4 | 카누캠핑과 카약캠핑 22
    5 | 글램핑 23
4 • 캠핑은 함께하는 것 • 24
    1 | 가족캠핑 24
    2 | 연인캠핑 26
    3 | 그룹캠핑 26
    4 | 솔로캠핑 27

CAMPING 2
캠핑에 필요한 예산

1 • 캠핑 스타일별 예산 계획하기 • 32
2 • 간단모드 • 34
    1 | 간단모드 캠핑 34
    2 | 어디에서 캠핑을 해야 할까? 36
    3 | 어떤 장비를 준비해야 할까? 37
    4 | 간단모프 장비 구입 비용 39
3 • 오토캠핑 • 41
    1 | 오토캠핑이란? 41
    2 | 어디에서 캠핑을 해야 할까? 42
    3 | 어떤 장비를 준비해야 할까? 42
    4 | 오토캠핑 장비 구입 비용 48
4 • 솔로캠핑 혹은 백패킹 • 49
    1 | 솔로캠핑 혹은 백패킹이란? 49
    2 | 어디에서 캠핑을 해야 할까? 49
    3 | 어떤 장비를 준비해야 할까? 50
    4 | 솔로캠핑 혹은 백패킹 장비 구입 비용 52
5 • 럭셔리캠핑 • 53
    1 | 럭셔리캠핑이란? 53
    2 | 어디에서 캠핑을 해야 할까? 54
    3 | 어떤 장비를 준비해야 할까? 55
    4 | 럭셔리캠핑 장비 구입 비용 56
6 • 예산에 맞춘 장비 구입 추천 • 57
    1 | 100만 원 미만으로 준비하기 57
    2 | 500만 원 예산 캠핑 장비 67
    3 | 중고 물품 구입하기 69
7 • 캠핑 일정에 따른 예산 • 70
    1 | 1박2일 캠핑 예산 산정하기 70
    2 | 2박3일 캠핑 예산 산정하기 73

CAMPING 3

실전 오토캠핑 장비

1 • 또 다른 나의 집, 텐트 • 76
- 1 | 기본적인 돔형텐트 77
- 2 | 팝업텐트, 자동텐트 81
- 3 | 오토캠핑의 상징, 거실텐트 82
- 4 | 캠핑 노마드의 상징, 티피텐트 85

2. 낭만이 깃든 휴식 공간, 타프 • 86
- 1 | 날렵한 헥사타프 86
- 2 | 공간이 풍부한 렉타타프 87
- 3 | 기타 타프 88

3. 잠을 편하게! 취침용품 • 89
- 1 | 바닥의 습기를 부탁해! 그라운드시트 89
- 2 | 안락한 실내 공간을 위한 매트 90
- 3 | 편안한 수면을 위한 침낭(슬리핑백) 92

4 • 야외에서도 집처럼! 가구용품 • 96
- 1 | 멋진 사이트를 위한 캠핑 테이블 97
- 2 | 다리를 편안하게 캠핑체어 100
- 3 | 폴더블 셸프(Foldable Shelf) 101
- 4 | 야영장의 주방, 키친테이블 101
- 5 | 입식 생활이 가능한 야전침대 102

5 • 맛있는 캠핑을 위한 취사용품 • 103
- 1 | 편리한 가스버너 103
- 2 | 믿음직한 석유버너 104
- 3 | 코펠 105
- 4 | 쿨러 106
- 5 | 화로대(파이어캠프) 107
- 6 | 3way BBQ 107
- 7 | 수저 107

6. 어둠을 밝히는 조명용품 • 108
- 1 | 안전한 전기랜턴 108
- 2 | 테이블의 낭만 도구, 가스랜턴 109
- 3 | 사이트를 비추는 석유랜턴 109
- 4 | 가로등이 되어주는 랜턴스탠드 110
- 5 | 멘틀 110

7 • 동계캠핑 편의용품 • 111
- 1 | 어떤 장비를 준비해야 할까? 113
- 2 | 동계를 부탁해, 석유난로 114
- 3 | 간편한 가스난로 115
- 4 | 안전한 팬히터 115
- 5 | 4계절 필요한 전기요 116
- 6 | 쾌적한 내부를 위한 서큘레이터 117

8 • 야영장의 즐거움을 부탁해 • 118
- 1 | 아이들이 좋아하는 해먹 118
- 2 | 자연에서 보는 영화, 빔프로젝트 119

9 • 기타 용품 및 캠핑 용어 • 120
- 1 | 팩 120
- 2 | 팩다운 120
- 3 | 스톰가드와 스트링 121
- 4 | 내수압 121

CAMPING 4

캠핑 장비 선택 기준

1 • 장비 선택의 기본 요소 • 126
    1 | 사용 인원 - 가족 수 126
    2 | 언제 갈 것인가? 127
    3 | 한 달에 몇 번을 해야 할까? 128
    4 | 이왕이면 다홍치마? 128
    5 | 왜 하는가? 130
    6 | 주머니를 생각해 131

2 • 계절별 야영 장비 • 135
    1 | 봄, 가을 135
    2 | 여름 137
    3 | 겨울 138

3 • 장소별 야영 장비 • 142
    1 | 평지 142
    2 | 산과 계곡 142
    3 | 바닷가 캠핑 144

CAMPING 5

나의 첫 캠핑을 준비하자

1 • 장소 선택의 기준 • 150
    1 | 누구와 가는가? 150
    2 | 언제 캠핑을 가는가? 153
    3 | 무엇을 할 것인가? 155

2 • 1박이냐, 2박이냐 그것이 문제로다 • 158

3 • 첫 캠핑은 여기가 • 160
    1 | 경기권 161
    2 | 충청권 164
    3 | 강원권 166
    4 | 전라권 168
    5 | 경상권 170

4 • 계절별 추천 장소 • 172
    1 | 봄: 유명산 자연휴양림 173
    2 | 여름: 갈천 오토캠핑장 174
    3 | 가을: 집다리골 야영장 175
    4 | 겨울: 광덕리조트 캠핑장 176

CAMPING 6

야영장으로 출발! 실전 캠핑

1 • 실전 캠핑의 시작 • 182
2 • 출발 전 이것만은! • 183
    1 | 출발 D-3 184
    2 | 출발 D-2 186
    3 | 출발 D-1 187

3 • 이제 출발이다 • 190
    1 | 테트리스(Tetris)는 어려워! 190
    2 | 장비 수납용 보조용품 193
    3 | 출발에서 도착까지 196

4 • 야영장 도착, 이제 진짜 시작이다 • 198
    1 | 야영장 출입하기 198
    2 | 텐트를 설치하자 200
    3 | 편리하고 안전하게 즐기자 206

5 • 즐거웠나요? 이제 집으로 • 211
    1 | 철수는 설치의 반대 211
    2 | 다음 캠핑을 부탁해 212

CAMPING 7

캠핑, 더 재미있게 즐기기, 그리고 계속하기

1 • 야영장에서 즐길 수 있는 놀거리를 찾자 • 229
    1 | 등산 229
    2 | 자전거 234
    3 | 카누 236

2 • 나만의 캠핑 역사 만들기 • 237
    1 | 캠핑을 기록하자 238
    2 | 재미있는 캠핑블로그 마을 243
    3 | 캠핑의 또 다른 묘미, 캠핑 동호회 249

3 • 지속가능한 캠핑을 위한 조언 • 251
    1 | 캠핑 친구는 난로와 같다 251
    2 | 자신만의 캠핑 스폿(Spot)을 만들자 252
    3 | 소박함이 정답이다 253

4 • 캠핑과 안전 • 254
    1 | 캠핑과 관련하여 야기될 수 있는 사고 유형 254
    2 | 안전한 캠핑을 위한 준비와 대처 256

부록 • 전국 캠핑장 추천 리스트 • 260

CAMPING 1

왜 캠핑인가?

언제부터인가 오토캠핑이 아웃도어의 대세가 되고 있다. 가족과 함께 또는 친구와 함께하는 캠핑을 통해 얻는 즐거움, 그들이 캠핑을 시작하는 이유, 다양한 방법으로 발전하고 있는 캠핑의 진화 모습을 소개한다.

지금은 캠핑 시대

회색의 도시에서 다람쥐 쳇바퀴 돌듯 생활하던 사람들이 주말이 되면 짐을 싸서 자연 속으로 떠나고 있다. 누가 시킨 것도 아닌데 스스로 힘들고 고달픈 자연 속으로 떠나는 이유는 무엇일까? 그것은 바로 자유로움과 휴식을 만끽하고 싶기 때문이다. 인간의 DNA에는 자연 속에서 자유를 느끼고 싶은 코드가 잠재되어 있다. 캠핑의 역사는 곧 인류의 역사라고 해도 지나친 말이 아니다. 과거 인류의 수렵 생활이 지금의 캠핑과 동일하기 때문이다. 인간이 자연과 더불어 삶을 영위해온 모든 과정이 곧 캠핑이라고 할 수 있다. 이는 몽고의 유목민들을 보면 쉽게 알 수 있다.

최근 들어 우리나라에서는 캠핑 열풍이 불고 있다. 우리나라에서 지금과 같은 오토캠핑이 시작된 시기는 대략 2007~2008년이라고 할 수 있다. 오토캠핑이 시작된 배경으로는 국민소득의 증가를 들 수 있다. 국민소득이 증가하면서 생활이 윤택해졌기 때문이다. 기업들도 마케팅의 일환으로 캠핑을 내세우고 있다. 불경기라는 말이 무색할 정도로 아웃도어 시장이 성장하고 있는 것을 보면 캠핑 열풍이 얼마나 거센지 쉽게 짐작할 수 있다. 이와 아울러 가족을 소중히 여기는 세태도 캠핑의 보편화에 일조를 하고 있다. 캠핑이란, 익숙하지 않은 자연 속에 일시적인 거주지(텐트)를 설치하고 자연을 즐기는 것을 말한다. 최근에는 캠핑 자체를 즐기는 것뿐만 아니라 다양한 레저 활동을 병행하는 방향으로 진화하고 있다. 오토캠핑에서 시작하여 백패킹(Backpacking), 트레킹, 사이클, 카약, 낚시 등 아웃도어 활동으로 범위가 확대되고 있는 것이다.

캠핑이 아웃도어의 베이스가 되고 있다

아름다운 캠핑장의 아침

캠핑에서 느끼는 즐거움

1 : 아버지의 귀환

사람들은 흔히 "오토캠핑의 열풍은 아버지의 부재를 회복하는 것에서 비롯되었다"라고 말한다. 바쁜 현대 생활에서 가족은 각자의 삶을 살기에 바쁘다. 부모는 경제활동 혹은 살림을 하느라 바쁘고, 아이들은 공부를 하느라 바쁘다. 과거와 달리 아버지의 자리는 늘 작을 수밖에 없다. 오토캠핑에서는 아버지의 존재감이 여실히 드러난다. 가족이 잠시나마 편안하게 거주할 수 있는 집(텐트)을 직접 만들고, 서툴지만 가족에게 식사를 만들어 제공해야 하기 때문이다. 야외의 거친 환경에서 아버지는 가족을 보호하고 즐거운 시간을 만들어준다. 가장 소중하고 완벽한 존재로서 가족에게 다가온다. 아버지는 잊혀진 존재로서 지내온 현대적인 삶 속에 비로소 가장으로서 가족에게 의미를 부여하게 된다. 이런 이유 때문에 캠핑은 최근 30~40대 가장을 중심으로 급속히 번지기 시작했다.

2 : 세상은 잠시 잊자

현대인들은 많은 고민을 하며 살아가고 있다. 이런 삶의 고민들을 잊기 위해 각자 나름의 스트레스 해소법을 찾게 된다. 아직 뾰족한 방법을 찾지 못했다면 캠핑을 추천한다. 캠핑을 통해 평소에는 할 수 없는 경험을 한다. 그중 대표적인 것이 '시간의 정지'라고 할 수 있다. 이런 감정은 캠핑을 떠나기 위해 각종 장비를 준비하고 차에 옮기기 시작하면서 서서히 느끼기 시작한다. 차에 시동을 걸고 길을 나서는 순간, 복잡했던 세상과 이별을 한다. 캠핑장에 들어서면서 그느낌은 배가된다. 사이트에 주차를 하고, 장비를 내리고, 텐트를 펼치고, 각종 매트와 침낭을 옮기고, 가구를 설치한다. 그 다음에는 음식을 준비한다. 그날이 금요일이든, 토요일이든 상관없다. 그렇게 음식을 먹고 설거지를 하면 비로소 캠핑의 세계로 들어왔음을 느끼게 된다. 이제부터는 캠핑에 대한 생각만이 머릿속에 존재한다. 아이들을 재우고 아내와 맥주 한 잔을 하면서 주중에 있었던 화제를 중심으로 이야기를 하면 세상과 동떨어져 있음을 느끼게 된다. 비로소 자유로움을 느끼게 되는 것이다. 이것이 끝이 아니다. 아이들이 잘 자고 있는지를 살피고, 아버지는 비로소 자신만의 시간을 가진다. 텐트의 스트링을 정비하고, 팩을 정비한다. 아침이 밝으면 밤에 보지 못한 풍경이 눈에 들

아버지의 귀환

어올 것이다. 익숙하지 않은 풍경을 바라보는 느낌은 색다르다. 아침식사를 준비하고 주변 관광지를 둘러보거나 등산을 하는 등 빠듯한 시간을 보내다 보면 세상의 시간이 마치 정지한 것처럼 느껴질 것이다. 그런 경험을 한 번 해보면 또다시 캠핑을 가고 싶어진다.

3 : 자연 속에서 느끼는 자유

현대 도시인의 삶은 각박하다. 아파트는 자유로움을 구속한다. 아이들이 학교에서 돌아와 자유롭게 뛰어논다는 것은 상상할 수조차 없다. 자연은 이런 현대인의 삶에 무한한 자유를 제공한다. 아이들에게 뛰지 말라고 이야기할 필요가 없다. 아이들 또한 사계절의 흐름을 몸으로 느끼게 된다. 한 연구

자연에서 느끼는 여유

주금산 정상 일출

결과에 따르면, 아이들의 개학 증후군을 없애는 데는 자연만큼 효과적인 것도 없다고 한다. 자연 속에서 새로운 환경을 자주 접하다 보면 아이들은 도전 정신을 느끼게 된다. 이런 체험을 하게 되면 자연스럽게 아이들의 학습에도 좋은 영향을 미치게 된다. 또 자연에서 느끼는 자유는 정신적으로 힘든 현대인의 마음을 치유해 주기도 한다.

4 : 다른 취미로의 발전

최근 들어 캠핑의 경향이 바뀌고 있다. 다시 말해서 캠핑이 레저 활동의 베이스캠프(Base Camp)로 자리 잡고 있다. 캠핑이라는 취미를 바탕으로 다양한 레저 활동을 즐긴다. 백패킹이 그 대표적인 예라고 할 수 있다. 백패킹은 등산과 캠핑이 결합된 형태를 말하며, 일정한 장소로 이동한 후 적당한 자리에 사이트를 구성하여 하룻밤을 즐기는 요즘 가장 부각되는 캠핑 방법 중 하나다.
낚시는 캠핑과 절묘하게 잘 어울린다. 요즘은 낚시터와 캠핑장을 함께 운영하는 곳이 많다. 온전히 아빠만의 취미였던 분야가 가족과 함께할 수 있는 좋은 레저로 발전한 것이다. 넓은 호반을 배경으로 작은 돔텐트를 설치하고 낚시를 즐겨보자. 아름다운 야경도 함께 경험해보자.

캠핑 장비를 카누에 싣고 이동한 후에 오지에서 캠핑하는 경험을 해보는 것도 좋다. 고정식 카누가 부담스럽다면 공기 주입식 카약도 그 대안이 될 수 있다. 의외로 많은 사람들이 카약과 카누를 이용하여 캠핑을 즐기고 있다.

캠핑과 낚시는 궁합이 잘 맞는다

카약과 카누를 즐기는 캠퍼들

다양한 캠핑 스타일

캠핑의 종류는 다양하다. 따라서 초보자가 그 다양한 캠핑 중에서 자신에게 맞는 스타일을 찾는 것은 그렇게 녹록지 않다. 다양한 정보 매체를 통해 쏟아지는 검증되지 않은 정보를 좇다 보면 캠핑을 하기 전에 지쳐 버린다. 때로는 준비 과정 자체가 재미로 느껴지는 경우도 있지만, 자신에게 맞는 캠핑 스타일을 알 수 있다면 준비 시간이나 금전적인 손해를 줄일 수 있다. 자신에게 맞는 장비와 스타일을 찾는 것이 캠핑의 시작이라 할 수 있다.

1 : 오토캠핑

오토캠핑이란, 차에 각종 야영 장비를 싣고 떠나는 캠핑을 말한다. 오토캠핑의 장점은 차량의 바로 옆에 사이트를 구성할 수 있기 때문에 캠핑에 필요한 장비를 옮기는 수고를 줄일 수 있다는 데 있다. 캠핑에 필요한 텐트와 침낭, 매트, 취사도구를 간단하게 챙겨서 떠나보자. 야외에서의 불편함 역시 즐거운 경험의 일부다. 캠핑을 처음 시작한다면 오토캠핑이 좋다. 정보를 찾기가 쉽다. 초보자도 쉽게 접근할 수 있는 시설을 갖춘 야영장이 계속 늘어나고 있다. 100~200만 원 사이의 예산이라면 4인 가족이 야외에서 큰 어려움 없이 오토캠핑을 즐길 수 있다. 장비가 없어도 즐

헥사타프로 사이트를 구성한 캠핑 사이트

길 수 있는 '글램핑'이라는 캠핑 형태도 있다. 텐트, 침낭, 취사도구를 모두 제공하는 곳에서 오토캠핑을 경험해볼 수도 있다. 따라서 오토캠핑이 나에게 맞는 취미인지 직접 경험을 해보고

싶다면, 캠핑 장비 준비에 앞서 글램핑을 즐겨보는 것도 한 가지 방법이라 할 수 있다. 오토캠핑을 시작하기 위해서는 우선 가족 수에 맞는 텐트와 침낭, 그리고 취사도구를 기본적으로 갖추어야 한다.

이 책에는 가족 구성원에 맞는 텐트 및 각종 장비를 선택하는 방법을 설명해 놓았다. 오토캠핑 장비의 목적은 편의성에 있기 때문에 장비의 크기가 일반적인 가구와 맞

거실텐트와 헥사타프의 조화

먹는다. 따라서 보유하고 있는 차량의 크기도 고려해야 한다. 오토캠핑 취미를 가진 사람들의 차량이 대부분 SUV인 것도 이 때문이다. 현재 SUV 차량을 보유하고 있다면 큰 문제가 없지만, 승용차를 보유하고 있다면 차량의 크기뿐만 아니라 루프박스(Roof Box) 혹은 캐리어도 고려해야 한다. 이처럼 장비뿐만 아니라 수납과 이동까지 모두 종합적으로 고려해야만 캠핑으로부터 받는 스트레스에서 벗어날 수 있다.

오토캠핑이 처음 시작하는 이에게 적합한 이유는 비교적 쉽게 야영 장소를 선택할 수 있기 때문이다. 폭발적으로 늘어난 야영장 덕분에 전국 곳곳에서 캠핑을 즐길 수 있다. 국가나 지방자치단체가 운영하는 국공립 야영장에서부터 사설 야영장까지 한겨울에도 캠핑을 즐기는 데 불편함이 없도록 전기 시설, 샤워장, 화장실, 개수대를 제공한다. 자신에게 맞는 야영 장비를 구매한 후 바로 떠나도 문제가 없다는 뜻이다. 지금 시작해보자.

렉타타프로 구성한 캠핑 사이트

변형된 타프의 형태인 랜드스테이션

2 : 백패킹

오토캠핑의 맛에 익숙해지면 많은 장비의 수납과 설치에 조금씩 지치게 되는 시기가 온다. 대략 사계절을 모두 경험하고 유명하다는 야영장을 섭렵했을 즈음이다. 그 즈음이면 캠핑으로 만난 인연이 생성되는 경험을 하기도 한다. 다양한 멤버들과의 만남을 통해 오토캠핑의 진화가 시작되는 시기에 백패킹이라는 세상을 만날 수 있다. 자연보호에 대한 생각이 공론화되어 산림 지역에서 취사 행위가 금지되기 전까지 우리의 선대들은 산에서 등산과 캠핑을 즐겼다. 현재는 국내법상 산림 지역에서의 취사 행위가 금지되어 있다. 아직은 양날의 칼처럼 민감한 분야이기는 하지만, 점차 산을 즐기는 인구가 늘어나면서 법적 제도 장치가 보완될 것으로 기대한다. 백패킹이란, 계절별 야영에 필요한 도구를 배낭에 수납하여 트레킹 후 혹은 산정상을 오른 후에 비박을 하는 행위를 말한다.

백패킹은 호쾌한 취미

여름철에는 50~60L급, 겨울철에는 80~90L급 배낭에 텐트를 비롯한 침낭과 취사도구를 수납한다. 국내에는 공원 지역에 자연휴양림 혹은 야영장이 설치되어 있어 불법적인 행위를 하지 않아도 합법적인 야영을 할 수 있는 공간이 제공되고 있다. 호쾌한 자연 속에서의 야영은 실로 멋진 경험이다.

백패킹의 묘미는 솔로캠핑이다. 혼자서 캠핑을 하는 것에 익숙하지 않다면, 뜻이 맞는 캠우와 함께 즐기는 것도 한 가지 방법이다. 오토캠핑은 많은 장비를 가지고 움직이지만, 백패킹은 최소한의 장비로 움직인다. 그렇기 때문에 일종의 소꿉놀이 같은 느낌이 들기도 한다. 오토캠핑을 시작하면서 백패킹을 염두에 두고 장비를 준비하면 비용을 절감할 수 있다. 이는 자신만의 캠핑 스타일을 찾아가는 중요한 부분이라고 할 수 있다.

산의 정상에서 느끼는 즐거움

법적인 문제가 늘 고민인 백패킹

3 : 투어링 캠핑(Bike & Motorcycle)

'모터사이클 다이어리'라는 영화가 있다. 체게바라 젊은 시절의 남미 여행을 다룬 영화다. 이 영화에서 주인공은 오토바이에 야영 장비를 싣고 여행을 떠난다. 오토바이를 이용한 캠핑은 널리 알려진 스타일이 아니지만, 많은 사람들이 즐기고 있다. 특히, 할리데이비슨으로 대표되는 투어링 전용 모터사이클은 자유로움을 대변하는 아이콘이다.

아들과 함께한 자전거캠핑   자전거캠핑의 핵심은 최소한의 장비

모터사이클 캠핑은 간단모드 캠핑 스타일이다. 오토캠핑과 달리 수납을 최소화해야 하기 때문이다. 오지와 같이 한적하고 차량 진입이 어려운 곳을 찾아가는 데 좋은 스타일이다. 모터사이클은 차량이 접근하기 어려운 오지에 접근하기가 용이하다. 따라서 자연에 좀 더 가까이 다가갈 수 있는 장점이 있다. 모터사이클과 달리 자전거캠핑은 온전히 사람의 힘으로 이동해야 하는 제한이 있는 만큼, 야영 장소가 다소 제한적이다. 4대강 코스를 따라 강변에 조성된 야영장을 이용해보자.

4 : 카누캠핑과 카약캠핑

카누를 이용한 캠핑은 오토캠핑과 접목이 가능한 영역이다. 베이스(Base)를 정한 다음, 강을 거슬러 올라갔다가 내려오거나 이와 반대로 하는 경우가 있다. 이 카누캠핑의 묘미는 평소 경험하지 못한 뷰(View)를 제공하는 것이다. 강의 중간에서 바라보는 뷰는 색다른 경험이다. 사

구명조끼는 필수   춘천 물레길 카누타기

람의 체력을 이용해 강을 거슬러 올라가는 것 자체가 운동의 한 영역이다. 봄과 가을의 물안개를 벗삼아 강변에서 즐기는 야영은 색다른 느낌을 준다. 카약은 조립식 형태이기 때문에 승용차를 이용할 수 있고, 카누는 차량 루프를 이용해야 한다.

5 : 글램핑

글램핑은 '화려하다'는 뜻을 가진 '글래머러스(Glamorous)'와 '야영하다'라는 뜻을 가진 '캠핑(Camping)'의 합성어로, 텐트와 각종 캠프 도구를 미리 설치하여 간편하게 캠핑을 경험할 수 있게 하는 형태다. 최근 이 글램핑은 제2의 오토캠핑 붐을 일으킬 정도로 많은 사람들이 즐기고 있다. 본격적으로 오토캠핑을 하기 전 글램핑 캠핑장을 찾아서 몇 번의 경험을 하고 자신에게 맞는 취미인지 확인해보는 것도 한 가지 방법이다.

최근의 글램핑 캠핑장은 루프탑텐트를 이용하는 경우가 많다. 구조물을 이용하여 2층에 루프탑을 올리고 그 하부에 리빙 공간을 만드는 형식이다. 검색을 통해 쉽게 이용할 수 있는 글램핑장을 알아보자. 음식을 제공하는 곳도 많으므로 보다 편리하게 이용할 수 있다.

글램핑 캠핑장

캠핑은 함께하는 것

1 : 가족캠핑

캠핑을 처음 접하는 경우에는 대부분 가족과 함께한다. 어린아이가 있는 학부모의 경우, 자녀의 다양한 경험을 위해 시작하는 경우가 많기 때문이다. 가족캠핑은 많은 준비가 필요하다. 텐트나 침낭 등 취침을 위한 장비부터 취사도구에 이르기까지 식구 수에 맞게 갖춰야 하므로 비용도 많이 들어간다. 그러나 가족캠핑은 그 자체로 가족의 연대감과 구성원 모두가 느끼는 소속감을 증대하는 데 많은 도움이 된다. 아버지의 귀환 그 자체로 가족캠핑은 모든 것에 우선한다고 할 수 있다.

캠핑은 가족 사랑

가족캠핑은 여행의 도구다. 전국 곳곳의 유적지나 관광지에 산재한 다양한 야영장을 이용하여 캠핑을 하고, 가족이 함께 관광을 하는 재미는 해보지 않으면 느낄 수 없는 색다른 경험이다. 펜션이 한때 유행했지만, 이제 펜션을 개조하여 야영장으로 만드는 것이 일종의 대세라고 할 만큼 가족캠핑은 점차 확산일로에 있다. 밤하늘의 쏟아지는 별을 같이 보면서 아이들과 이런저런 이야기를 나눠보자. 텔레비전과 컴퓨터 때문에 단절된 아이들과 특별한 시간을 가질 수 있다. 자연 속에서 아이들은 스스로 노는 방법을 신기하리만큼 잘 찾아낸다. 조금만 관심을 가지면 아이들과 친하게 지낼 수 있는 방법을 찾을 수 있다.

가족캠핑의 또 다른 묘미는 새로운 가족을 만나는 것이다. 최근 들어 핵가족화되면서 형이나 누나에 대한 관계 설정이 점점 어려워지고 있는데, 캠핑장에서 만나는 새로운 가족들을 통해 아이들은 형과 누나 혹은 동생을 경험하게 된다. 처음에는 어색해하지만 금새 친한 친구가 된다. 캠핑이 주는 큰 선물 중 하나다.

새로운 가족을 만나는 캠핑

가족캠핑의 기록

2 : 연인캠핑

2명이 사용하는 2인용 텐트의 폭은 대략 1.2m이다. 이 좁은 공간에서 연인이 함께 야영을 한다면 그 애정의 깊이는 말해서 무엇 하랴. 쏟아지는 밤하늘의 별 밑에서 모닥불을 피우고 함께 이야기를 나누다 보면 서로에게 숨길 일이 없어진다. 자연은 그 자체로서 훌륭한 애정 공간이다. 연인캠핑은 비교적 쉽게 시작할 수 있다는 것이 매력이다. 각자의 취침도구와 취사도구만 준비하면 되기 때문이다. 연인끼리 백패킹을 한번 해보라. 숲속의 호젓한 길을 함께 걷고 이야기 나누다 보면 자연스럽게 가까워질 것이다.

연인들을 위한 작은 돔텐트

캠핑을 하기 위해 사이트를 구성하는 연인들의 모습

3 : 그룹캠핑

'떼캠핑'이라는 말이 있다. 다소 나쁘게 느껴질 수 있는 표현이지만, 한마디로 마음이 맞는 캠핑 이웃끼리 함께하는 스타일이다. 한때 유행했던 단어 중에 '코드'라는 것이 있었다. 마음이 맞는 캠핑 이웃을 만들어 가는 데도 코드가 주효하다. 우선 캠핑의 중심이라 할 수 있는 아빠의 코드가 맞아야 한다. 여자들의 코드도 당연히 맞아야 한다. 다음으로 아이들이 중요하다. 아빠, 엄마, 아이 모두 연배가 비슷한 이웃이 좋다. 이런 캠핑 이웃과 함께 즐기는 자연 속에서의 즐거운 야영은 그 무엇보다 멋진 경험이다. 아이

아이들은 야영장에서 새로운 가족을 만난다

들은 이 그룹캠핑을 통해 관계 맺기를 자연스럽게 습득하게 된다.

캠핑은 아이들의 성격까지 변하게 만드는 마법을 보여준다. 이는 그룹캠핑을 통해 습득하는 장점 중에 가장 큰 것이라 할 수 있다. 인터넷을 검색해보면 캠핑 카페가 무수히 많다. 대부분 공동 구매를 위한 카페이기도 하지만 뜻이 맞는 사람들이 모여서 만든 캠핑 카페도 많다. 카페에 가입한 후 적극적으로 참여해보자. 새로운 관계 맺음을 통해 즐거운 그룹캠핑을 즐길 수 있다.

그룹캠핑의 묘미는 새로운 가족을 만드는 것

인터넷 카페의 모임은 캠우를 만나는 기회

4 : 솔로캠핑

진정한 자유를 느끼고 싶은가? 그럼 솔로캠핑을 떠나보자. 솔로캠핑은 아무것도 하지 않을 수 있는 자유, 내 마음대로 즐길 수 있는 자유를 제공한다. 자연 속에서 온전히 하나됨을 느낄 수 있는 솔로캠핑에서는 진정한 캠핑의 묘미를 느낄 수 있다. 다만, 고독을 이겨낼 수 있는 강인한 심장이 필요하다. 솔로캠핑을 여러 캠우와 함께 즐기는 것도 한 가지 방법이다. 시끄러운 술집과 호연지기를 기를 수 있는 숲에서 지인들과 즐기는 솔로캠핑의 맛은 비교할 수 없다. 보통 가족캠핑을 즐기다 지인이 생기게 되는데, 그 즈음에 대부분 솔로캠핑을 꿈꾸게 된다. 특히, 추운 겨울에는 가족캠핑을 하는 데 많은 어려움이 있다. 동계캠핑을 즐기는 데는 솔로캠핑이 주효

밤하늘 아래 솔로캠핑

솔로캠핑은 사색을 제공한다

자연 속에서 느끼는 자유

하다. 혼자만의 캠핑 준비는 간단하게 할 수 있고, 아이들을 챙기는 데 힘이 들므로 간단모드로 솔로캠핑을 떠나는 것이 여러모로 좋기 때문이다. 그러나 한 가지 주의할 점은 솔로캠핑을 너무 즐기다 보면 가족과의 캠핑이 힘들게 느껴지는 경향이 있다는 것이다. 기분 좋게 시작한 캠핑이라는 취미가 가족과 멀어지는 이유가 될 수도 있다. 가족 간에 이견이 발생할 수도 있으므로, 잘 조절하면서 솔로캠핑을 즐겨야 한다.

CAMPING 2

캠핑에 필요한 예산

많은 사람들이 즐기고 있는 캠핑, 어떻게 시작해야 할지 궁금하다. 초보자가 처음에 무엇을 준비해야 할지 알아본다. 식사, 잠자리, 즐길거리 등 수저에서 텐트까지 캠핑에 필요한 장비, 구매 예산에 소요되는 비용을 알아본다.

캠핑 스타일별 예산 계획하기

복잡한 삶에 조금의 여유가 생기면 여러 취미에 눈을 돌리게 된다. 자전거, 등산, 낚시 등과 같은 취미활동은 많은 비용이 필요하다. 얼핏 생각하면 그리 많이 들어갈 것 같지 않은 캠핑이라는 취미도 예상보다 많은 돈이 필요하다. 집에서의 생활을 외부로 옮겨야 하니 준비해야 할 장비가 끝이 없다. 힘들게 장비를 준비하더라도 그것이 끝이 아니다.

캠핑을 갈 때마다 들어가는 비용 또한 적지 않다. 그럼에도 불구하고 캠핑이 좋은 이유는 캠핑만큼 가족 친화적인 취미는 없기 때문이다. 많은 아빠들이 가족을 위해 캠핑을 하고자 한다. 여

캠프 신(scene)

캠프의 아침

기서 명심할 것이 있다. 준비를 철저히 하지 않는다면 중복 구입을 하는 일이 발생한다는 것이다. 장비 중에 중복 구입한 것이 많은 이유는 캠핑을 갈 때마다 별 생각 없이 구매했기 때문이다.

처음 캠핑을 시작할 때는 블로그, 카페에서 찾아보는 정보가 대부분이었기 때문에 많은 시간과 노력을 투자해야만 했다. 지금은 캠핑 특히 오토캠핑이 널리 알려졌기 때문에 좀 더 쉽게 장비에 대한 정보를 알 수 있다. 가장 먼저 예산 범위를 결정하자. 남이 즐기는 캠핑 모습이 보기 좋다고 해서 무턱대고 남을 따라 하면 낭패를 본다. 내가 사용할 수 있는 예산의 범위를 신중하게 파악해야 한다. 좋은 취미인 캠핑도 경제적인 여유가 없다면 결국 중단하게 된다. 신중한 선택이 필요하다.

캠핑 매장 모습

간단모드

1 : 간단모드 캠핑

간단모드 캠핑이란, 캠핑에 필요한 최소한의 장비만 준비하는 캠핑을 말한다. 오토캠핑과 같은 입식모드(테이블, 의자, 키친테이블을 활용한 방식)가 아닌 좌식모드를 기준으로 한다. 별이 좋은 계절에는 돗자리를 깔고 식사 및 휴식을 한다. 텐트에서 취침을 하는 방식이다. 추운 겨울보다는 밤 기온이 영하로 내려가지 않는 5월에서 9월까지 가능한 캠핑 모드이다.

간단모드 사이트 구축

우리가 알고 있는 오토캠핑은 많은 장비를 펼치고 집에서 생활하듯 야영을 한다. 최근에 주목받는 간단모드 캠핑은 사실 오토캠핑이 활성화되기 전에 많이 했던 야영 방식이다. 야외에서 편리하게 보낼 수 있는 장비가 많이 개발되지 않았던 시절에는 꼭 필요한 장비만을 챙겨서 야영을 해야만 했다. 간단모드 캠핑과 백패킹은 비슷한 점이 많다. 다만, 백패킹이 70~90L 배낭에 1인용 장비를 수납하여 떠나는 것인 반면, 간단모드 캠핑은 가족 모두의 야영 장비를 최소화하여 간다는 점에서 백패킹과 구별된다.

간단모드 캠핑을 잘 목격할 수 있는 곳은 자연휴양림이다. 자연휴양림은 주차장에 차를 주차하고 야영 장소로 짐을 옮겨야 한다. 많은 장비를 가지고 가면 불편하다. 장비를 옮겨야 하기 때문에 텐트를 설치하기 전부터 장비를 옮기다가 지치게 된다. 오토캠핑을 하는 사람들이 간단모드 캠핑으로 돌아서는 이유이기도 하다. 어느 정도의 캠핑 구력이 아니라면 준비하기 쉽지가 않다. 어떤 장비가 필수인지는 경험해보지 않으면 잘 모른다.

전실에 간단모드 구축

가장 일반적인 2~4인용의 텐트를 준비하면 된다. 텐트가 준비되었다면 그 다음으로 침낭과 매트를 준비해야 한다. 매트는 침낭에 비해 다소 중요도가 떨어지는 경우가 있는데, 매트가 부실하면 바닥의 한기가 올라오기 때문에 잠을 청하기 어렵다. 따라서 매트를 준비하는 데에도 많은 신경을 써야 한다. 텐트, 침낭, 매트가 준비되었다면 식사를 할 수 있는 코펠과 버너 등을 준비하자. 이렇게 가장 기본적인 장비를 제외하

간단모드에 편리한 데크

고 나머지는 집에 이미 있는 것을 사용하자. 프라이팬이나 도마, 칼, 숟가락 같은 것은 집에 있

는 것을 이용해도 무방하다. 여름에는 침낭이 꼭 필요하지 않다. 얇고 가벼운 이불만 있으면 캠핑이 가능하다. 아이디어만 있으면 큰돈을 투자하지 않고서도 캠핑이 가능하다.

2 : 어디에서 캠핑을 해야 할까?

처음 캠핑을 시작한다면 간단모드 캠핑은 자연휴양림이 좋다. 자연휴양림에는 텐트를 올려놓을 수 있는 데크와 테이블이 있는 경우가 많다. 따라서 별도의 테이블 없이도 캠핑을 편리하게 할 수 있다. 국내에는 많은 자연휴양림이 있고, 국립공원에도 야영장이 설치되는 사례가 늘고 있다. 간단모드에 유리한 사설 야영장도 점차 늘어나고 있는 추세다.

데크가 있는 곳은 캠핑하기에 편하다

3 : 어떤 장비를 준비해야 할까?

다음은 간단모드에 필요한 물품이다. 간단모드 캠핑에 대해 좀 더 자세한 정보를 원한다면, 간단모드 캠프 인터넷 카페(http://cafe.naver.com/compactcamping)를 방문해보자. 간단모드의 핵심은 좌식모드이다. 바닥모드를 기본으로 한다는 것이다. 바닥모드란, 테이블이나 의자 없이 돗자리와 같은 것을 바닥에 깔고 피크닉을 가듯 즐기는 캠핑을 말한다.

텐트

인원수보다 1인 정도 여유 있는 크기의 텐트를 준비한다. 즉, 3인 가족이라면 4인용 돔형텐트를 준비한다. 간단모드에는 가급적 돔형텐트가 편하다. 거실 공간이 필요하다면 티피텐트를 고려해보자. 설치가 간편한 티피텐트는 취침과 리빙이 동시에 가능하다.

티피텐트

타프(Tarp)

비가 자주 내리는 여름에는 타프가 필요하다. 사이즈가 조금 작은 미니타프를 선택하는 것이 좋다. 크기가 3×4m 정도인 미니타프는 수납 사이즈가 작아서 좋다.

침낭

동계를 제외한 봄, 여름, 가을에 캠핑을 한다는 것을 전제로 침낭을 선택하자. 영하의 기온으로 내려가지 않기 때문에 영상 5도 이상을 견딜 수 있는 침낭을 선택해야 한다. 침낭은 보온재로 사용되는 재료에 따라 가격 차이가 난다. 간단모드에 사용한다면 비싼 오리털침낭보다는 다공질로 이루어져 보온성이 높은 할로파이버 재질을 선택하자. 내부는 면으로 된 것이 적당하다. 오염에는 약하지만 여름에는 땀을 흡수하고 나일론 재질에 비해 쾌적하다. 침낭의 형태는 사각형과 머미형이 있다. 머미형은 추운 동계 시즌에 유효하므로 3계절에 사용한다면 사각형이 좋다. 시중에 사각형 침낭 2개를 연결할 수 있는 제품이 나와 있다. 상판 2개를 연결하면 이불처럼 사용할 수 있다.

매트

매트는 지면에서 올라오는 한기를 막고 쾌적한 수면을 위해 반드시 필요한 장비다. 매트의 종류에는 에어매트와 발포매트가 있다. 발포매트는 설치 또는 철수할 때 시간이 절약되는 장점이 있는 반면, 부피가 크다는 단점이 있다. 또 1cm 내외의 발포매트는 쇄석으로 구성된 야영장 바닥에서 등베김이 있어 사용하기가 불편하다. 발포매트는 두겹을 깔아서 2cm 정도 확보가 되어야 쾌적한 수면이 가능하다. 에어매트는 내부에 스펀지를 넣은 자충식매트와 순수하게 공기만 들어가는 에어매트로 나눌 수 있다. 자충식매트란, 내부에 스펀지가 들어 있어 밸브를 열어두면 스펀지가 부피를 찾으면서 자동적으로 공기가 들어가는 매트를 말한다. 설치 시에는 다소 편리하지만, 철수 시에는 공기를 수동으로 제거해야 한다. 자충식매트에 비해 수납 부피가 많이 작은 에어매트는 내부에 순수하게 공기만 들어가는 제품이다. 에어매트는 R 밸류라는 냉기 차단 지수를 기준으로 제품을 선택한다. 극동계가 아니라면 7cm 이하의 제품을 선택하자. 대체로 매트의 가격은 발포매트 〉 자충식매트 〉 에어매트 순이다.

발포매트와 에어매트

코펠

인원수에 맞게 준비한다. 보통 2~3인용, 4~5인용으로 나눈다. 백팩용 코펠과 오토캠핑용 코펠을 준비했다면 이를 활용해도 무방하다.

버너

버너의 종류에는 가스버너와 석유버너가 있는데, 요즘에는 가스버너를 주로 사용한다.

가스버너

랜턴

연료에 따라 가스랜턴, 석유랜턴, 건전지랜턴으로 나눌 수 있다. 최근에는 LED를 이용한 랜턴이 대세다. LED랜턴은 광량에 따라 대, 중, 소로 나뉘는데 간단모드에 이용한다면 중간 사이즈의 제품이 적당하다.

4 : 간단모드 장비 구입 비용

필수 장비

- 텐트: 돔텐트로 준비한다면 20~40만 원 선에서 구입할 수 있다.
- 타프: 미니타프로 준비한다면 4~8만 원(폴대 구입 시) 선에서 구입할 수 있다.
- 침낭: 5~10만 원 정도의 솜 침낭이 적당하다.
- 매트: 발포매트는 5만 원 이하로 구입할 수 있다.
- 코펠: 5~8만 원 정도의 경질코펠이 저렴하고 좋다.
- 버너: 가정에 있는 가스버너를 활용한다.
- 랜턴: 6~9만 원 내외의 LED랜턴이 적당하다.

옵션 장비

- 돗자리: 3~5만 원 정도의 발포매트와 야외 피크닉용 매트를 준비하자. 간단모드는 좌식이 기본이다.
- 좌식 테이블: 3만 원 정도이고, 높이는 200mm인 접이식 테이블을 구입한다. 대형마트에서도 많이 판매한다. 돗자리 위에 펼쳐 놓고 식사나 조리를 하는 데 편리하다.
- 입식 로우 테이블: 10~15만 원
- BBQ체어: 2만 원에 한 세트 구입 가능

오토캠핑

1 : 오토캠핑이란?

오토캠핑이란, 차량에 장비를 수납하여 야영장으로 이동한 후 차량 바로 옆에 텐트를 설치하는 야영 방식을 말한다. 간단모드와 오토캠핑 모두 차를 이용하고, 기본적인 장비는 비슷하다. 구분하는 방식에 규칙은 없다. 캠핑을 하는 사람이 스스로 생각했을 때 편하고 최소한으로 준비했다고 생각한다면 그것이 간단모드(미니멀)캠핑이다. 집에서와 같이 편리한 생활을 하려면 부수적으로 많은 장비가 필요하다. 이런 이유 때문에 사이트의 바로 옆에 자동차를 주차하여 설치와 철수를 쉽도록 한 것이 오토캠핑이다. 오토캠핑은 비교적 많은 장비를 이용할 수 있는 장점이 있는 반면, 많은 장비로 인해 쉽게 지칠 수 있다는 단점도 있다. 장비에 대한 욕심을 버리지 않으면 경제적인 어려움을 동반할 수도 있다.

전형적인 오토캠핑 사이트

돔형텐트와 렉타타프의 조합

사전에 철저한 준비를 통해 필요한 장비를 최소한으로 준비하더라도 캠핑 횟수가 늘어나면 자연스럽게 장비에 대한 필요성을 느끼게 된다. 그 시점에서 장비를 추가하는 것이 불필요한 낭비를 줄이는 지름길이다.

2 : 어디에서 캠핑을 하나?

오토캠핑을 할 수 있는 곳은 정말 많아졌다. 내가 처음 캠핑을 시작할 무렵에는 300곳이라고 이야기를 들었는데 최근 조사에 따르면 야영장의 수가 1,000곳을 넘어간다고 한다. 요즘은 하루가 멀다 하고 야영장이 새로 생긴다. 정부에서도 '국민여가캠핑장'이라는 이름으로 전국 곳곳에 야영장을 운영 또는 신설하고 있다. 사설 야영장부터 정부에서 관리하는 야영장까지 조금만 관심을 기울이면 캠핑장 정보를 알 수가 있다. 또한 캠핑장 정보와 관련된 서적들이 많이 출간되어 있기 때문에 인터넷 검색이 서툴거나 정리된 정보를 빠르게 습득하고자 한다면 책을 구매하는 것도 좋은 방법이다. 오토캠핑을 하는 목적에 따라 산속, 강가, 바닷가 등 여러 곳에서 야영장이 운영되고 있는데 야영장의 정보를 알아보기 위해 한국관광공사에서 운영하는 '고캠핑(www.gocamping.or.kr)' 커뮤니티를 방문해보자. 지도와 함께 전국 각지의 야영장 정보를 확인할 수 있다.

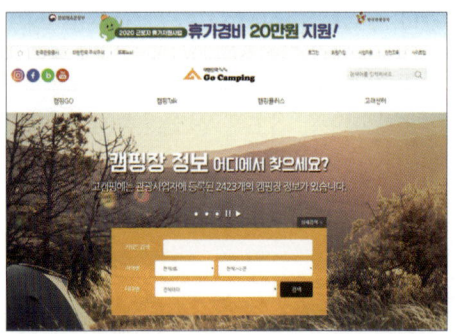

고캠핑 커뮤니티

3 : 어떤 장비를 준비해야 할까?

기본적인 오토캠핑은 텐트와 타프(Tarp)로 취침 공간을 구성하고, 테이블과 의자로 거실 공간을 만든다. 간단모드가 보통 좌식, 즉 바닥에서 모든 생활을 한다면 오토캠핑은 입식 생활이 기본이라고 할 수 있다. 내가 처음 오토캠핑을 할 때 키친테이블까지 가지고 다닌 적이 있다. 일종의 주방을 따로 구성한 셈이다. 하지만 요즘에는 키친테이블을 사용하는 사람들이 많지 않다.

보통 테이블 위에서 음식을 하고 식사도 한다. 정리하면, 간단모드에서 사용하는 장비에 추가로 더 많은 장비를 수납할 수 있기 때문에 보통 다음과 같은 장비가 추가될 수 있다. 사용자의 스타일에 맞게 취사선택하면 되지만 기본적인 오토캠핑 장비라고 할 수 있다.

거주 공간: 돔텐트, 거실텐트

오토캠핑에서의 기본 장비는 잠을 자거나 휴식을 취할 수 있는 텐트이다. 여름에는 돔텐트, 겨울에는 거실텐트(거실+이너텐트)를 사용한다. 돔텐트는 사용 인원수에 맞게 준비해야 한다.

돔텐트는 각종 브랜드의 주력 제품이다. 브랜드별 특성을 잘 검토한 후에 선택하자. 돔텐트의 전실 크기에 따라 자연휴양림 데크에 올릴 수 있는 제품과 없는 제품이 있으므로, 주의해서 선택한다. 일반적인 데크의 크기는 4m 내외이고, 그 이상의 크기는 전실이 데크 밖으로 돌출되므로 주의하여 선택한다.

스노우피크 어메니티 돔텐트

스노우피크 랜드브리즈 6HD

힐레베르그 아틀라스 거실텐트

이너매트

이너매트는 돔텐트의 내부에 사용하는 매트이다. 제품에 따라 전용 이너매트가 판매된다. 매트는 두께 10mm 내외의 폴리우레탄 제품이 많이 사용된다. 하부는 방수가 가능한 천이 덧대어 있고, 상부는 나일론 재질의 천으로 이루어져 있다. 전용 이너매트는 가격이 고가인 경우가 많다. 사용 인원수에 따라 별도로 판매하는 발포매트를 이용해도 무방하다. 대략적인 크기는 1인당 폭 60cm를 기준으로 한다. 4인용 텐트라면 2.4m 폭을 준비한다.

스노우피크 랜드브리즈 전용 이너매트

타프

타프는 방수 재질의 천을 이용한 일종의 그늘막이다. 초등학교 운동회 때의 본부석과 동일한 기능이다. 오토캠핑에서의 타프는 비를 피하거나 그늘을 제공해주는 용도. 사방이 트여 있어서 바람이 잘 통한다. 여름에는 꼭 필요한 장비다. 형태에 따라 헥사타프와 렉타타프로 구분하며, 사이즈에 따라 실타프와 구분된다.

헥사타프와 돔텐트

어메니티 텐트와 헥사타프 구성

렉타타프, 거실텐트로 구성된 사이트

침낭

침낭은 텐트와 함께 오토캠핑에서 필수 장비다. 침낭은 캠핑에서 '최후의 보루'라고 불린다. 극한의 온도에서는 침낭이 캠퍼의 생명을 지켜주는 장비다. 침낭 만큼은 잘 골라야 한다. 무조건 비싸다고 좋은 것이 아니다. 어떤 캠핑을 할 것이냐에 따라 선택하자. 동계 백패킹 같이 한겨울에 언플러그드 캠핑을 할 것이 아니라면, 고가의 덕다운이나 구스다운 침낭을 구매할 필요는 없다. 일반적인 오토캠핑용 침낭은 바닥은 화학솜, 윗부분은 덕다운 제품으로 된 사각형 침낭이 많이 사용된다. 부피가 조금 있더라도 차량을 이용해 장비를 옮기는 오토캠핑에서는 이런 제품이 가성비가 높다. 솔로캠핑이나 백패킹을 고려한다면, 비교적 인정을 받은 몽벨 제품 같이 다운으로 충진된 그리고 스트레치가 가능한 고기능 제품이 좋다.

몽벨 다운허기 침낭

 에어매트, 자충식매트

이너매트로 사용하는 발포매트 한 겹으로는 한여름 외에 사용하기에 부족한 면이 있다. 이때 활용하는 제품이 에어매트 혹은 자충식매트이다. 에어매트는 공기를 불어넣어 사용하고, 자충식매트는 내부의 스펀지를 이용하여 공기가 스스로 들어간다. 텐트 내부에 이너매트를 깔고 가족 수에 맞게 에어매트나 자충식매트를 깔면 요즘 야영장 바닥에 많이 이용되는 쇄석 바닥에서도 편안한 수면이 가능하다.

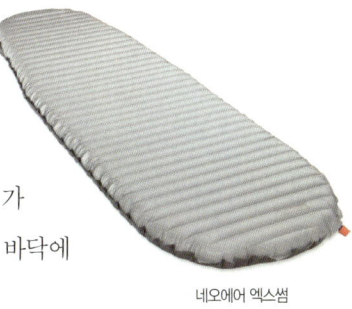
네오에어 엑스썸

 의자

40cm 높이의 테이블에 맞는 로우모드 의자가 적당하다. BBQ체어에서 릴렉스체어까지 다양하다. 대체로 폴딩체어라는 의자를 많이 사용한다.

폴딩체어(프라도 제품)

폴딩체어가 접힌 형태

테이블

요즘은 높이 40cm 정도의 낮은 모드 테이블이 유행이다. 10만 원 내외에서 구입할 수 있다.

원액션 로우테이블과 로우체어

키친테이블

오토캠핑장에서 가장 눈에 띄는 장비다. 콜맨, 코베아 등과 같은 모든 브랜드에서 키친테이블을 판매한다. 캠핑이 좌식모드에서 입식모드로 진화하면서 이용하기 시작했다. 가스버너를 이용하여 주방을 꾸미고 집안의 싱크대와 같이 음식을 조리할 수 있다. 높이에 따라 달라지지만, 입식모드에 적합하게 되어 있다.

스노우피크 키친테이블

취사도구류

코베아 3웨이 BBQ, 풍뎅이 가스버너, 아이스박스, 식기 건조망, 3중 바닥 코펠, 라이스쿠커, 수저통 및 수저가 있다.

코베아 풍뎅이 가스버너

화로대

오토캠핑의 묘미는 모닥불이다. 화로대를 이용하여 모닥불을 피우는 것이 자연을 보호하는 방법이다.

캠핑장의 꽃, 화로대

조명 기구

랜턴은 보통 사이트 전체를 비추는 큰 광량의 랜턴, 테이블을 밝히는 중간 광량의 랜턴, 텐트 내부를 밝히는 작은 광량의 랜턴을 준비한다. 요즘은 대부분 LED랜턴을 많이 이용하지만, 캠핑의 운치를 위해 석유 혹은 가스랜턴을 사용하는 경우도 있다.

테이블용 가스랜턴   가스랜턴

외부용 가스랜턴/ 실내용 전기랜턴/랜턴걸이

캠핑 툴

설거지 가방   캠핑용 망치

단조 팩/캠핑 망치/툴 가방/파이어 테이블/폴딩 수납 가방/설거지 가방

4 : 오토캠핑 장비 구입 비용

야영 장비의 핵심은 얼마나 편안하게 캠핑을 할 수 있느냐에 달려 있다. 도시 생활에 길들여진 아이들과 아내가 최대한 불편하지 않게 야외에서 잘 수 있도록 해주어야 한다. 따라서 가능한 편의 장비를 많이 준비하는 경향이 있다. 사소한 부분일 수 있지만 거실텐트 내부에 향을 피우는 것은 안락한 생활을 위한 배려일 수 있다. 이런 것들을 준비하려면 얼마 정도의 비용이 들어갈까?

4인 가족 기준으로 6~9월까지 캠핑을 한다고 가정해보자. 아들 2명을 둔 지인에게 다음과 같은 장비를 추천했다. 참고로 이 지인은 추운 봄, 가을, 겨울은 제외하고 오토캠핑을 하겠다고 했다.

구매 비용은 총 290만 원 정도다. 물론 이 제품들은 고가의 브랜드이기는 하다. 스노우피크의 헥사타프와 원액션테이블, 로우체어를 중저가의 카페 공구 제품으로 구매한다면, 대략 200만 원 이하로 준비할 수 있다. 정리하면, 본격적인 오토캠핑에는 200여 만 원 정도의 예산이 필요하다. 물론 중고나 중저가의 카페 공구 제품으로 모든 것을 준비한다면 좀 더 저렴할 수 있겠지만, 150만 원 이하로 줄이기는 힘들 것이다.

거주 장비
어메니티 텐트 매트 스타트 세트(그라운드시트, 이너매트 포함)
헥사 타프
하계용 침낭

가구류
원액션테이블
BBQ체어
콜맨 로우체어
콜맨 릴렉스체어

식기류
5인용 코펠/수납 가방/설거지 가방/수저 세트/풍뎅이 가스버너/코베아 3웨이 BBQ

기타
단조 팩
팩 망치
툴 가방
콜맨 가스랜턴
아이스박스

솔로캠핑 혹은 백패킹

1 : 솔로캠핑 혹은 백패킹이란?

광대한 자연에 홀로 앉아 사색에 잠겨 있는 모습을 상상해보자. 그 어떤 레저 활동보다 멋진 경험일 것이다. 혼자서 하는 야영이므로 백패킹과 비슷한 수준에서 준비를 하면 된다. 자동차를 이용한 오토캠핑 형식으로 진행한다면, 장비는 오토캠핑과 동일하다. 솔로캠핑에서 핵심은 혼자만 캠핑을 하는 것이므로 혼자만 불편하면 된다. 솔로캠핑은 주위의 도움을 받지 않고 오롯이 혼자만 준비하고, 설영 또는 야영을 하므로 초반부터 시작하기에는 무리가 있다. 주변의 지인과 오토캠핑을 해본 후에 시도해보는 것이 좋다. 백패킹이란, 야영에 필요한 장비를 배낭에 수납하여 트레킹으로 이동한 후에 야영지에서 야영하는 캠핑 방법을 말한다. 외국과 달리 국내에서는 합법적으로 야영을 하는 곳이 드물다는 점에 유의해야 한다.

2 : 어디에서 캠핑을 해야 할까?

솔로캠핑 및 백패킹은 타인의 영향을 받지 않는다. 가족과 같이 가는 경우처럼 가족이 편안하고 안전하게 캠핑할 수 있도록 신경을 쓰지 않는 것이 장점이다. 편의시설이 부족하더라도 온전히 자연을 즐길 수 있는 오지 같은 곳에서 캠핑할 수 있다는 장점도 있다. 합법적으로 캠핑을 하는 것이 좋으므로 가급적 자연휴양림이나 야영이 가능한 오지 같은 곳을 선택하자. 인터넷으로 검색하면 오지캠핑 후기를 볼 수 있다.

오지 느낌의 팔현 캠핑장   원주 칠봉 야영장

아쉽게도 국내 대부분의 장소에서 야영은 불법이다. 국내법상 합법적으로 캠핑을 할 수 있는 곳은 미리 허가를 받은 야영장뿐이다. 산림 지역과 하천변(하천법을 적용받는)에서의 캠핑은 불법이다. 오지캠핑이라는 타이틀로 후기를 남기는 대다수의 사람들은 자신도 모르게 불법을 저지르는 경우가 많다. 정말 캠핑이 가능한 곳인지 살펴보고 가는 것이 좋다.

3 : 어떤 장비를 준비해야 할까?

솔로캠핑에 필요한 텐트는 '1~2인용 텐트' 혹은 '쉘터'라고 불리는 백팩용 거실텐트이면 충분하다. 여름에는 비교적 작은 면적을 커버하는 타프(그늘막)면 충분하다. 일반적인 오토캠핑용 텐트를 사용해도 무방하다. 솔로캠핑은 어린 시절의 소꿉장난과 비슷한 형태로 진행된다. 혼자 사용하기 때문에 모든 장비는 작고 가볍다. 모든 것을 배낭에 넣고 트레킹을 하는 백패킹에서 무게는 가장 중요한 요소이다. 백패커들 사이에서는 무게 100g을 줄이기 위해 수십만 원을 투자한다는 말도 전해지고 있다.

- 텐트: 1~2인용 텐트 혹은 쉘터
- 수납 장비: 배낭
- 버너: 소형가스버너 혹은 석유버너
- 1~2인용 코펠/침낭/발포매트 혹은 에어매트
- 랜턴: 헤드랜턴, 텐트용 랜턴
- 버너용 연료: 가스, 석유
- 백팩용 소형 테이블
- 접이식 소형의자
- 소형 화로대/소형 아이스박스

솔로캠핑에 어울리는 투어링텐트

솔로캠핑에 필요한 공간은 폭 1.2m

그레고리 배낭

페츨 헤드랜턴

백팩용 소형의자

이소부탄 230g

소형 쿨러(OA 제품)

베른 트레킹 테이블

가스버너와 1~2인용 코펠

1인용 발포매트

4 : 솔로캠핑 혹은 백패킹 장비 구입 비용

🏕 100만 원선에서 준비하는 리스트

다음 리스트는 동계를 제외한 3계절에 사용되는 장비를 정리한 것이다.

장비 리스트	품명	가격(원)
배낭	고싸머기어 마리포사 69L	318,000
침낭	그라나이트기어 울트라 콤팩트	65,000
텐트	켈티 살리다	250,000
매트	써머레스트 지라이트솔	60,000
	니모 조르 스탠더드 에어	90,000
버너	코베아 스파이더	45,000
쿠커	스노우피크 트렉 1400	66,000
시에라컵	스노우피크 티탄 시에라	24,000
수저 스포크	스푼과 포크	20,000
물통	날진 1LX2	30,000
디팩	미스테리월 디팩	30,000
헤드램프	Tk-37	10,000

켈티 살리다

고싸머기어 마리포사 69

지라이트솔

럭셔리 캠핑

1 : 럭셔리캠핑이란?

럭셔리캠핑은 캠핑에 필요한 장비에 캠핑의 묘미를 한층 더할 수 있는 여러 소품들을 추가하여 집에서 생활하는 것과 다름없이 안락하고 편안한 캠핑을 즐기는 것이라 할 수 있다. 럭셔리캠핑의 다른 방법은 글램핑이다. 글램핑(glamping)은 '화려하다(glamorous)'와 '캠핑(camping)'을 조합하여 만든 신조어로, 필요한 도구들이 모두 갖춰진 곳에서 안락하게 즐기는 캠핑을 뜻한다. 캠핑카와 캠프트레일러도 럭셔리캠핑의 한 분야라고 할 수 있다. 비교적 고가의 캠핑카는 아무나 소유할 수 없었다. 그러나 최근에는 300~500만 원대의 비교적 저렴한 제품들이 출시되면서 마음만 먹는다면 럭셔리캠핑을 즐길 수 있게 되었다.

캠핑 트레일러

많은 장비를 수납할 수 있는 트레일러

2 : 어디에서 캠핑을 해야 할까?

트레일러 및 캠핑카를 이용할 수 있는 야영장은 우리 주변에 많다. 오토캠핑 사이트라 불리는 곳에서는 트레일러와 승용차를 동시에 주차할 수 있다. 캠핑카는 전기를 필요로 하는 장비를 많이 보유하고 있다. 별도 발전기가 없다면 전기가 제공되는 야영장이 필수다. 국립공원 야영장에도 최근에는 캠핑카를 이용한 야영이 가능하도록 전기 및 배수 설비까지 준비된 야영장이 생겨나고 있다. 국내에 이미 많은 글램핑 야영장이 생겼다. 특급호텔은 물론 일반 사설 야영장에서도 럭셔리캠핑을 즐길 수 있다. 몸만 준비하면 된다. 처음 캠핑을 시작한다면, 간접적으로 캠핑을 체험할 수 있다.

장비가 많아지면 수납의 문제에 직면한다. 그래서 대부분의 캠퍼가 늘 자동차의 공간만큼 장비를 준비한다. 그래도 부족한 경우에는 트레일러를 고려해야 한다. 또 루프탑텐트를 트레일러에 설치하면 차량을 자유롭게 이용할 수 있는 장점이 있다.

캠핑 트레일러가 설치된 캠핑장

3 : 어떤 장비를 준비해야 할까?

캠핑카와 캠핑 트레일러

가격이 부담된다면 루프탑텐트를 추천한다. 그 다음은 카라반이다. 캠핑카는 자체 이동이 가능하다. 이 3가지 형태는 각각의 특징을 가지고 있다. 루프탑은 텐트를 이용한 오토캠핑과 캠핑카의 중간 형태라고 할 수 있다. 캠핑장에서 계속 머무는 것이 아니라 여행을 병행한다고 가정해보자. 루프탑과 캠핑카의 경우, 사이트의 정리가 끝나야 이동할 수 있지만, 트레일러 혹은 카라반은 이런 번거로움 없이 사이트를 구성한 후에 바로 주변을 여행할 수 있다.

일반 차량으로 카라반을 견인하기 위해서는 별도의 장치를 설치해야 하고, 형식 승인도 새로 받아야 하므로, 자세한 내용은 카라반 전문 사이트를 통해 조사할 필요가 있다(카라반 전문 사이트: http://thecaravan.co.kr).

캠핑 트레일러

화장실

침실

캠핑 트레일러 내부

캠핑카

캠핑 트럭

캠핑 트럭 트레일러 내부

4 : 럭셔리캠핑 장비 구입 비용

 루프탑텐트: 150~250만 원

설치와 철수가 간편한 루프탑텐트

 캠핑 폴딩 트레일러: 1,100~1,500만 원

폴딩 트레일러

 소형 카라반: 400~800만 원/일반 카라반: 1,700만 원 이상

카라반

예산에 맞춘 장비 구입 추천

캠핑 매장을 직접 방문하는 것도 좋은 방법이다

캠핑 장비를 구입할 때에는 각자가 가진 여유 자금을 활용해야 한다. 빚을 내어 장비를 구매하는 경우는 없을 것이므로, 자신이 가진 자금의 한도 내에서 균형을 맞추어 장비를 구입하는 것이 중요하다. 금액대별로 자신에게 맞는 브랜드를 선택하여 캠핑을 준비해보자. 이 책에 언급된 캠핑 장비는 캠핑 판매 사이트인 캠핑온(http://www.campingon.co.kr)의 가격을 기준으로 작성되었다. 인터넷을 잘 검색하면 좀 더 저렴한 가격으로 구입할 수 있다.

1 : 100만 원 미만으로 준비하기

캠핑은 가족을 위해 시작하는 경우가 많다. 이 밖에도 혼자나 커플이 캠핑을 시작하는 경우도 있다. 이 두 경우의 차이는 결국 인원수의 차이다. 인원수를 이야기하는 이유는 100만 원이라는 금액의 한도가 매우 제한적이기 때문이다. 캠핑의 필수 요소인 텐트는 인원수에 따라 달라진다. 2~4인용 텐트는 그 가격 차이가 엄청나다. 1인용의 경우, 100만 원을 호가하는 텐트에서 4~5만 원이면 구매할 수 있는 텐트까지 천차만별이다. 필수품인 침낭의 경우, 가격대의 차이가 크다. 100만 원 미만으로 준비하기 위해서는 가격의 선정보다 캠핑 시에 없어서는 안 될 필수 장비를 먼저 선정하는 것이 필요하다. 이런 측면에서 없어서는 안 될 필수 장비들을 골라보자.

> 필수: 텐트/발포매트/침낭/코펠/스토브/테이블/의자/랜턴/아이스박스/물통/캐리백

이 품목 중 하나라도 없으면 캠핑이 불가능하다. 100만 원 미만으로 캠핑을 준비하는 것의 핵심 포인트는 집에 기본적으로 가지고 있는 제품을 확인해보는 것이다.

텐트 – 콜맨 BC 크로스돔 270: 299,000원

4인 가족에 맞는 텐트이다. 콜맨에서 판매하는 돔형텐트 중 비교적 저렴하다. 이너텐트의 사이즈는 4인 가족이 누워도 충분한 2.7m의 폭을 가지고 있다. 플라이와 이너텐트로 분리되어 있으므로, 방수 성능도 우수하다. 전실은 음식을 조리할 수 있는 정도는 아니지만 비상시에는 사용할 수 있는 정도다. 평소 신발을 벗어놓는 정도라고 생각하면 된다. 돔형텐트 중에서 톱브랜드라고 할 수 있는 제품의 이 정도 가격대는 흔하지 않

콜맨 텐트

다. 돔형텐트는 가장 많이 사용하기 때문에 반드시 A/S를 고려해야 한다. 콜맨은 국내에 자체 A/S 센터를 운영하고 있다.

발포매트 – 코베아 캠프더블매트 120X2개: 49,000원

BC 크로스돔 270의 내부는 2.7m이다. 1.2m 폭을 가진 발포매트 2장이 필요하다.

발포매트

침낭(성인용) – 콜맨 플리스 슬리핑백: 73,000원

성인용 침낭이다. 3계절에는 사용이 가능하다. 내한온도 10도 정도로, 동계를 제외하고 사용이 가능하다. 부부가 함께 사용해야 하므로 2개를 구입해야 한다. 146,000원의 비용이 들어간다.

머미형 침낭

침낭(어린이용) - 콜맨 에그머미: 59,000원

어린이 및 여성용으로 추천하는 침낭은 콜맨 에그머미다. 허용되는 키는 170cm이므로 성인 여성도 사용할 수 있다. 내한온도 10도이므로 한겨울에는 보조 난방이 필수다. 아이가 2명이라면 118,000원이 필요하다.

 코펠 - 제드아웃도어 에코 하드쿡: 45,000원

3~4인용으로 제작되었다. 밥과 국을 할 수 있는 2개의 냄비와 프라이팬으로 이루어져 있다. 개인용 식기도 포함되어 있으므로 이 정도면 충분하다.

캠핑용 쿠커와 코펠

 스토브 - 맥스 미니 렌지: 19,000원

작지만 열량은 충분하다. 사이즈도 작아서 수납하기에 적당하고 수납용 박스까지 제공한다. 사용하는 연료는 부탄 220g 가스이다. 시중에서 손쉽게 구할 수 있는 연료이므로 편리하다. 만약, 집에서 사용하는 휴대용 가스레인지가 있다면, 그것을 이용하도록 하자.

미니 가스레인지

 테이블 - 노스피크 2Way 테이블: 90,000원

테이블의 가격 편차는 큰 편이다. 예산이 충분하지 않다면 저렴한 노스피크 제품을 선택하자. 이 제품의 사이즈는 4인 가족이 앉아서 식사할 수 있는 120×60cm이다. 또 이 제품의 특징은 2단계의 높이로 조정할 수 있다는 것이다. 다리를 낮추면 높이가 약 30cm로, 좌식 혹은 BBQ체어를 사용하기에 적당하다. 다리를 높이면 60cm 높이의 테이블이 되는데, 이 정도라면 일반적인 캠핑체어와 함께 이용할 수 있다. 두 단계로 접으면 수납이 가능하다.

▲ 체어 – 데버스 BBQ체어: 42,000원

100만 원 미만의 비용으로는 아쉽지만 릴렉스체어나 로우체어 같은 안락한 의자는 구매하기 힘들다. 그러나 BBQ체어는 캠핑을 즐기는 사람이라면 누구나 가지고 있을 만큼 필수품이다. 부피도 작고 가벼워서 매력적인 제품이다. 다른 캠퍼의 공간에서 모이는 상황이라면 언제나 챙기는 러블리 제품이다.

폴딩체어와 BBQ체어

▲ 랜턴 – 작업등: 16,000원

작업등은 전체 사이트를 밝히는 용도로 사용한다. 저렴한 가격에 성능은 최고다. 전기가 있는 곳에서만 사용할 수 있다는 단점이 있기는 하지만, 요즘 야영장에서는 대부분 전기를 제공한다. 100만 원 미만으로 준비하는 팁이다.

작업등

▲ 랜턴 – 데버스 그린애플 랜턴: 29,000원

텐트 내부에서 사용하는 건전지랜턴은 필수다. 저렴한 가격에 훌륭한 성능을 가진 제품이다.

데버스랜턴의 원형인 호츠키랜턴

아이스박스 – 콜맨 익스트림 아이스쿨러 35L: 65,000원

아이스박스는 여름뿐만 아니라 모든 계절에 필요하다. 콜맨은 원래 아이스박스가 유명했다. 그만큼 믿고 사도 된다. 35L 정도라면 4인 가족이 먹을 식사 재료는 챙겨 갈 수 있다.

 다용도 수납 가방 – 이치백: 53,000원

다양한 캠핑 장비를 수납하는 가방은 필수다. 이 수납 가방은 일종의 가구 역할을 할 뿐만 아니라 필요한 물건을 찾기 쉽도록 해주기도 한다. 집에 있는 여행 가방을 이용해도 무방하지만, 기능적으로 이런 제품이 캠핑에 잘 맞는다.

다용도 이치백

 물통 – 네파 10L 물통: 24,000원

물통은 필수품이다. 개수대에서 떨어진 거리에 야영지를 구축했다면 물을 가지러 다니는 것도 노동이다. 10L 정도면 4인 가족 식사를 준비하는 데 불편하지 않다.

10L 물통

 캠핑용품의 총 구입 비용(4인 가족 기준)

합계 995,000원이다. 이 금액은 정가를 기준으로 산정하였으며, 가격 비교 사이트를 이용하거나 매장에서 잘 흥정하면 비용을 좀 더 절감할 수 있다. 다음은 동계를 제외한 3계절 중 6~8월에 캠핑을 하는 데 꼭 필요한 것을 모아 100만 원 한도 내에서 정리한 것이다. 이 리스트에 없는 것, 수저를 비롯한 국자, 집게, 프라이팬 등 주방용품은 집에 있는 것을 들고 가자. 그렇게 하더라도 누가 욕하지 않는다. 아쉬운 점은 아이들이 좋아할 만한 화로대 등인데, 함께 캠핑을 가는 사람이 있다면 빌려서 사용하면 된다.

[표 2-1] 캠핑용품 구입 비용(4인 가족 기준, 6~8월 캠핑 시)

No	품목	브랜드	제품명	가격(원)
1	텐트	콜맨	BC 크로스돔	299,000
2	발포매트	코베아	캠프더블매트	24,500×2 = 49,000
3	침낭(성인용)	콜맨	플리스 슬리핑백 C5	73,000×2 = 146,000
4	침낭(어린이용)	콜맨	에그머미	59,000×2 = 118,000
5	코펠	제드아웃도어	에코 하드쿡	45,000
6	스토브	맥스	미니렌지	19,000
7	테이블	노스피크	2Way 테이블	90,000
8	체어	데버스	BBQ체어	42,000
9	랜턴	-	작업등	16,000
10	랜턴	데버스	그린애플	29,000
11	아이스박스	콜맨	익스트림 35L	65,000
12	다용도 가방	이치	이치백	53,000
13	물통	네파	10L 물통	24,000
합계				995,000

100만 원 이상 300만 원 미만의 비용으로 준비할 수 있는 캠핑 장비를 알아보자. 여기서는 앞에서 준비한 100만 원 미만의 장비에 추가하여 옵션으로 구매할 수 있는 제품 위주로 알아본다.

옵션 장비: 타프/3Way 올인원/로우체어/릴렉스체어/랜턴/화로대와 그릴/에어매트/랜턴스탠드/식기 건조망/설거지 가방/사이드 테이블/식기

 타프 - 캠핑1 렉타타프: 170,000원

톱브랜드의 렉타타프 풀세트는 기본적으로 40만 원 이상의 가격을 형성하고 있다. A/S가 흔하지 않은 제품이므로, A/S 걱정 때문에 굳이 비싼 브랜드를 살 필요는 없다. 그러나 여유가 된다면 좋은 브랜드를 고려해볼 만하다.

렉타타프

🔺 쿠커 - 코베아 3Way 올인원: 99,000원

혁신적이고 사랑스러운 제품이다. 나도 캠핑을 할 때 뿐만 아니라 평상시 집에서도 사용한다. 전골 팬에 고기나 라면을 끓일 수 있다. 꼬치 전용 도구를 이용하여 꼬치를 구울 수도 있고, 다른 냄비를 얹어 음식을 조리할 수도 있다. 즉, 하나의 가스 도구로 3가지 용도의 음식을 조리할 수 있다. 수납 케이스가 제공되며, 사용 연료는 부탄가스 220g이다.

다양하게 변신하는 코베아 3Way 올인원

🔺 로우체어 - 네파 슬림 로우체어: 48,000원

로우체어는 최근에 많이 찾는 아이템이다. 오토캠핑이 활성화될 즈음에는 높이 750mm 정도의 높은 테이블이 유행했다. 이후에 테이블의 높이를 400mm 정도로 낮게 하는 모드가 유행하면서 생산된 제품의 일종이다. 이 역시 원조는 콜맨이다. 네파에서 만든 슬림 로우체어는 콜맨 제품과 달리 한 방향으로 접히는 방식이 아닌 릴렉스체어의 방식으로 접는 것이 특징이다.

네파 슬림 로우체어

릴렉스체어 - 히노비우스 릴렉스체어: 58,000원

릴렉스체어는 힐링 캠핑의 상징이다. 안락한 각도를 제공해주는 릴렉스체어의 원조는 콜맨이다. 이후 많은 브랜드에서 카피 제품을 양산했다. 히노비우스도 그런 측면이 강하지만, 저렴하고 디자인이 원조보다 더 좋은 측면이 있다.

히노비우스 릴렉스체어

▲ 랜턴 - 크레모아 LED랜턴 M: 119,000원

요즘은 LED랜턴이 대세라고 할 수 있다. 초기에는 주광색 LED가 주를 이루었지만, 최근에는 전구 색상의 빛을 내주는 LED랜턴이 판매되고 있다. 충전식이며, 스마트폰을 충전할 수 있는 USB 단자를 제공한다.

크레모아 LED랜턴

▲ 화로대 세트 - 스노우라인 화로대 세트 M: 104,000원

화로대의 크기는 대, 중, 소로 구분한다. 대형 사이즈는 많은 사람들이 함께할 때는 좋겠지만, 가족만의 캠핑에는 중간 사이즈의 화로대가 좋다. 요즘은 세트로 고기를 굽는 것이 가능한 그릴을 함께 판매한다.

스노우라인 화로대 세트

▲ 에어매트 - 엑스패드 SynMat Basic 7.5M: 145,000원

오토캠핑용으로 사용하기에는 다소 과한 사양일 수 있는 엑스패드의 SynMat Basic 7.5M이다. 에어매트는 수납 부피가 작은 반면, 공기를 주입하면 안락한 잠자리를 제공한다는 것이 장점이다. 발포매트만으로 지면에서 올라오는 한기를 막는 것은 한계가 있고, 지면의 형상이 그대로 전달되므로 잠자리가 조금 불편할 수 있다. 이를 극복하는 데는 에어매트가 답이다. 푹신하고 잠자리가 편안하다. 그 대신 어느 정도 두께를 가진 제품을 구매해야만 추후의 다양한 캠핑모드에 대비할 수 있다. Synmat Basic 7.5M는 동계캠핑 시 별도의 바닥 난방이 없어도 취침이 가능하다. 제조사가 제공한 기준으로 보았을 때 R 밸류는 4이며, 영하 11도에서도 취침이 가능하다.

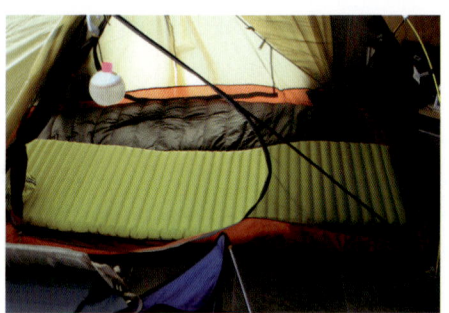

엑스패드 Synmat Basic 7.5M

랜턴스탠드 – PMS 랜턴스탠드: 45,000원

랜턴을 걸어 놓은 스탠드는 오토캠핑에서 식기 건조망을 걸어 놓거나 옷을 걸어 놓는 등의 다양한 용도로 사용된다. 반드시 챙겨야 하는 필수 아이템이기도 하다. 이 제품은 중앙부 하단에 지면에 고정할 수 있는 파일드라이브와 비슷한 방식으로 고정할 수 있다.

 ### 식기 건조망 – 코베아 메시드라이어: 29,000원

다양한 식기를 건조할 수 있는 식기 건조망이다. 수납은 접어서 하고, 야영장에서 펼친 후에 랜턴스탠드나 랜턴걸이에 고정한다. 식사를 한 후에 설거지한 식기를 금새 말려준다.

코베아 메시드라이어

 ### 설거지 가방 – GOM 설거지 가방: 15,000원

캠핑에서 설거지를 할 때 모든 그릇을 한꺼번에 들고 갈 수는 없다. 이때 필요한 것이 비닐 소재로 만든 설거지 가방이다. GOM 설거지 가방은 내부에 메시 가방이 함께 들어 있어서 식기를 세척한 후에 바로 랜턴걸이에 걸어 놓을 수 있다는 장점이 있다.

GOM 설거지 가방

사이드 테이블 – 캠핑드라마 사이드 테이블: 49,000원

화로대 옆이나 사이트를 구성하면서 각종 캠핑용품을 올려놓는 용도다. 아이스박스 혹은 캠핑 가방을 올려놓으면 사이트의 정리가 잘 된다. 2개를 구매하는 것을 추천한다. 1개로는 부족함을 느끼기 때문이다. 이 사이드 테이블의 원조는 일본의 유니프레임 제품이다. 카피를 했지만 철판에 엠보싱 처리를 하여 강성을 높였다.

캠핑 드라마 사이드 테이블

🔺 식기 – 히노비우스 식기 세트: 124,000원

보통 코펠에 함께 제공되는 식기를 사용하게 된다. 캠핑의 음식이 화려해지면서 밥, 국 그리고 반찬을 각각 담는 그릇이 필요해졌다. 이 식기는 4인용 가족에 맞게 구성되어 있다. 첫 구매 후에는 매뉴얼을 참고하여 세척을 해야 한다는 것이 단점이다. 공동 구매를 하면 가격이 저렴해진다.

히노비우스 식기 세트

🔺 캠핑용품의 총 구입 비용(4인 가족 기준)

100만 원 미만으로 캠핑용품을 준비한 이후, 추가로 구매하는 제품을 정리했다. 4인 가족 기준으로 수량을 산정하여 가격을 합산해보자. 앞서 언급된 100만 원에 이 금액을 더하면 255만 원 정도의 예산이 산출된다. 만약, 타프를 조금 더 비싼 브랜드로 선택하고, 테이블을 원액션 우드 테이블로 변경한다면 약 300만 원 정도로 오토캠핑 시 불편함 없이 사용할 수 있는 장비를 구입할 수 있다.

No	품목	브랜드	제품명	가격(원)
1	타프	캠핑1	렉타타프	170,000
2	쿠커	코베아	3Way 올인원	99,000
3	로우체어	네파	슬림로우체어	48,000×2 = 96,000
4	릴렉스체어	히노비우스	릴렉스체어	58,000×2 = 116,000
5	랜턴	크레모아	LED랜턴 M	119,000
6	화로대 세트	스노우라인	화로대 세트 M	104,000
7	에어매트	엑스패드	SynMat Basic 7.5M	145,000×4 = 580,000
8	랜턴스탠드	PMS	랜턴스탠드	45,000
9	식기 건조망	코베아	메시드라이어	29,000
10	설거지 가방	GOM	설거지 가방	15,000
11	사이드 테이블	캠핑드라마	사이드 테이블	49,000
12	식기	히노비우스	식기 세트(4인용)	124,000
합계				1,546,000

2 : 500만 원 예산 캠핑 장비

500만 원 정도의 금액이면 국내에서 판매되는 톱브랜드의 제품을 동일 브랜드로 구매할 수 있다. 하지만 이 금액에서 침낭은 예외다. 최고 수준의 침낭은 1개 가격이 100만 원이 넘는다. 물론, 그런 고가의 침낭은 극동계 언플러그 캠핑 시에나 사용되므로 고려하지 말자.

단일 브랜드로 장비를 구매하는 것에는 장단점이 있지만 권장할 만하다. 디자인 측면에서 비슷한 특성을 가지고 있으므로 사이트를 구축했을 때 외관상으로 보기에 좋고, A/S를 받을 때도 조금은 수월하다는 장점이 있는 반면, 각 장비별 최고 성능의 제품은 브랜드마다 차이가 있으므로 잘못하면 성능이 떨어지는 제품을 구입할 수 있다는 단점이 있다.

스노우피크

일본 제품인 스노우피크는 나름의 디자인 철학과 우수한 성능을 갖추고 있다. 모든 캠핑 장비를 스노우피크 제품으로 구입하면 1,000만 원에 육박한다. 우선 주력 제품 위주로 알아보자. 이 정도 주력 장비를 합산하면 517만 원 정도의 금액이 산출된다. 랜턴, IGT, 키친테이블, 수납 가방, 아이스박스 등을 추가하면 앞서 말했듯이 1,000만 원에 육박한다.

스노우피크 리빙쉘 풀 플라이

스노우피크 랜드록

텐트류

랜드브리즈 5 + 헥사타프 pro + 그라운드시트 + 이너매트

= 1,191,000 + 581,000 + 331,000 + 156,000

= 2,259,000원

거실텐트

토트류라이트 998,000원

가구

원액션 로우테이블 + 로우체어 4개

= 299,000원 + 768,000(192,000×4)

= 1,067,000원

침낭

세퍼레이트 LX 4개 =

213,000×4

= 852,000원

🏕 코베아

국내 최고 브랜드인 코베아의 제품 가격도 상위권에 속한다. 주력 제품 위주로 구성해본다.

주요 필수 장비 위주로 합산을 해보면 527만 원이라는 가격이 나온다. 앞서 계산했던 100~300만 원대의 장비 가격을 더하면 코베아 제품으로 구성했을 때의 총예산이 나온다. 이렇게 계산하면 코베아 제품의 경우, 약 800만 원 대에서 구입할 수 있다는 결론이 나온다.

코베아 아웃백골드

텐트류
허니콤 + 헥사타프
= 498,000 + 491,000
= 989,000원

거실텐트
이스턴 블랙 2,115,000원

가구
티탄 3폴딩 BBQ테이블 + 티탄 플랫 체어 4개
= 179,000 + 99,000(4개)
= 575,000원

침낭
익스텐션 패밀리 침낭 4개
= 392,000 × 4
= 1,568,000원

코베아 퀀텀골드

3 : 중고 물품 구입하기

중고 장비를 구입하면 더 저렴하게 준비할 수 있다. 중고 장비를 고를 때는 아래 사이트를 방문해보자. 침낭을 제외한 텐트나 기타 장비들은 꼭 새것이 아니더라도 중고를 이용해도 무방하다. 다만, 중고 장비를 선택하는 데에는 사전 지식이 필요하다. 또 저렴하다고 해서 이것저것 구매하다 보면 예산을 초과하기 쉬우므로 반드시 필요한 장비만을 선택하는 것이 중요하다. 주변에 캠핑을 해본 지인이 있다면 자문을 구하거나 이 책에서 소개하는 야영 장비 고르는 방법을 잘 숙지하여 선택하자.

초캠장터

초캠장터(http://cafe.naver.com/chocammall)

캠핑트렁크

캠핑트렁크(http://www.camt.co.kr)

캠핑 일정에 따른 예산

캠핑 장비를 모두 구입하고 이제 캠핑을 떠날 준비를 한다고 가정해보자. 지금부터 투입되는 비용은 어느 정도일까? 대개의 경우 이런 부가적인 비용에 대해서는 잘 설명하지 않는다. 그 이유는 각자의 라이프스타일에 따라 비용이 달라지기도 하고, 집에서 얼마나 멀리 캠핑을 가는지에 따라서도 그 비용 차이가 많기 때문이다. 이 책에서는 서울을 기준으로 대략적인 비용을 산정해볼까 한다. 거리를 기준으로 했기 때문에 지방에 거주하는 사람들도 대략 짐작할 수 있을 것이다.

1 : 1박2일 캠핑 예산 산정하기

🏕 캠핑비

수도권 주변 사설 야영장의 성수기 가격은 1박에 4~5만 원 정도다. 일부 야영장의 경우, 여름 성수기에는 무조건 2박을 해야 예약을 받아준다. 지방의 경우도 이와 크게 다르지 않아서 1박에 3만 원 정도이다. 만약, 캠핑비가 부담된다면 국가에서 운영하는 자연휴양림을 이용하는 것도 한 가지 방법이다. 자연휴양림은 성수기에 추첨제로 운영하고 있고, 그 밖의 기간에는 이용하기 한 달 전에 예약하면 이용할 수 있다. 이를 바탕으로 1박2일 캠핑을 가정하여 예산을 산정해보자.

한탄강 오토캠핑장 출입구

유류비

서울과 경계에 있는 양평, 양주 등지의 야영장은 한남대교를 중심으로 왕복 100km 정도다. 가평, 연천, 파주, 이천, 용인 정도의 거리는 왕복 약 200km 정도를 예상해야 한다. 왕복 약 250km의 주행거리를 다녀오는 것으로 통계치를 보여주었다. 일단 캠핑을 하겠다고 마음 먹었다면, 이 정도의 거리를 기준으로 하거나 현지에서 움직이는 상황을 대비하여 300km를 기본으로 산정한다.

식사 재료

각자의 취향에 따라 다르지만, 1박 2일의 캠핑에서는 도착 후 점심, 저녁, 다음날 아침의 3식을 기준으로 한다. 1인당 5,000원 정도의 비용을 잡으면, 4인 가족 기준 최소 6만 원 정도의 식사 재료 비용이 발생한다. 이와 함께 주류, 음료수, 추가적인 육류 등을 합하여 대략 10만 원 정도를 예상하면 된다. 물론, 간단하게 식사를 한다면 줄일 수 있는 항목이기는 하다.

캠핑용 부식 준비

장작을 구입하여 화롯불을 피우는 것은 캠핑의 또 다른 낭만이다. 대부분의 야영장에서는 장작을 구매해야 한다. 일부 신생 야영장에서는 잡목을 무료로 제공하기도 한다. 장작의 금액은 일반적으로 1만 원선이다. 동계캠핑에서는 난방

오토캠핑에서 음식은 중요한 요소

연료도 예산에 포함시켜야 한다. 많이 사용하는 파세코 석유난로는 1박의 경우 약 8,000원 정도의 기름값이 소요된다. 물론 이는 적당히 가동했을 때를 기준으로 한 것이다. 야영장 주변의

관광지를 구경하거나 체험하는 데 들어가는 비용도 고려해야 한다. 대략 1인당 5,000원을 예상했을 때 4인 가족 기준 2만 원 정도가 소요된다.

이와 같이 1박2일 캠핑을 하기 위해서는 최소 22만 원에서 최대 약 24만 원 정도의 예산을 잡아야 한다. 물론 오지캠핑을 한다거나 가까운 거리에서 캠핑을 하는 경우에는 그 비용만큼 차감된다.

1박2일 예산 산정	
캠핑비	장작비
3~4만 원(성수기 할증 제외), 휴양림은 2만 원	1만 원
유류비	기타 연료 및 관광 비용
6만 원(왕복 300km, 10km/L, 1,900원/L 기준)	3만 원
식사 재료비	합계
10만 원(간식, 주류, 현지에서의 외식 제외)	23~24만 원, 휴양림 기준 2만 원
	(휴양림은 장작비 제외)

캠프의 만찬

2 : 2박3일 캠핑 예산 산정하기

2박3일 일정의 캠핑 예산과 1박2일 캠핑 예산은 캠핑비와 식사 재료에 따라 달라진다. 앞에서 언급한 내용을 기준으로 산정해보자. 식사는 총 3회를 가정하여 산정한다.

캠핑비	장작비
6~8만 원(성수기 할증 제외), 휴양림 4만 원	2만 원
유류비	**기타 연료 및 관광 비용**
6만 원(왕복 300km, 10km/L, 1,900원/L 기준)	3만 원
식사 재료비	**합계**
14만 원(간식, 주류, 현지에서의 외식 제외), 5회 식사 기준	31~33만 원, 휴양림 기준 27만 원(휴양림은 장작비 제외)

이와 같이 식사비를 조금 줄인다면 1박2일과 2박3일의 캠핑 예산은 크게 차이가 나지 않는다. 이는 캠핑을 즐기는 대부분의 사람들이 금요일 밤에 캠핑 장소에 도착하여 토요일 하루를 야영장에서 보내는 이유이기도 하다.

캠핑 동호회 정모

CAMPING 3

실전 오토캠핑 장비

생소하고 어려운 오토캠핑 장비, 용어부터 궁금하다. 나에게 필요한 장비가 무엇인지 알아보자. 봄, 여름, 가을, 겨울 계절별로 사용하는 캠핑 장비를 소개한다. 장소와 인원별로 장비도 달라진다고 한다. 알면 알수록 재미있는 캠핑 장비 구매에 필요한 팁도 알아보자.

또 다른 나의 집, 텐트

오토캠핑용 텐트의 종류는 다양하기 때문에 어떤 제품을 선택해야 할지 난감한 경우가 많다. 따라서 충분한 정보 습득 후에 구매하는 것이 좋다. 텐트는 형태와 사용 용도에 따라 다음과 같이 나눌 수 있다.

- **형태** : 돔형텐트, 팝업텐트, 케빈형텐트, 티피텐트, 거실텐트
- **용도** : 오토캠핑용, 알파인용

오토캠핑의 핵심인 텐트

텐트는 오토캠핑을 시작하는 첫 단계에서 가장 먼저 선택해야 하므로, 신중히 그리고 자신에게 알맞은 것을 선택하는 것이 중요하다. 텐트는 사용 인원, 사용 장소, 재질, 형태에 따라 분류되지만, 사용 인원에 따라 구분하는 것이 가장 손쉬운 방법이다. 사용 인원에 따라 1~5인용 정도로 구분되는데, 텐트의 사용 인원을 결정하는 요소는 텐트의 너비라고 할 수 있다. 보통 1인이 사용하는 공간은 60cm의 너비로 산정한다. 즉, 가장 작은 사이즈의 1인용 텐트 너비는 60cm이고, 2인용 텐트 너비는 120cm이다.

알파인텐트의 대명사 알락텐트

1 : 기본적인 돔형텐트

폴을 텐트의 슬리브에 삽입하여 돔 형태의 공간을 만든 텐트이다. 가장 일반적인 텐트이며, 종류 또한 다양하다. 돔형텐트는 사용 인원수를 고려하여 구매하는 것이 좋다. 솔로캠핑인 경우에는 1인용, 연인캠핑인 경우에는 2인용, 가족캠핑인 경우에는 3~5인용을 구매한다. 다만, 1인용 텐트라 하더라도 식사나 짐을 보관해야 하므로 60cm 폭보다는 1.2m 정도의 폭이 좋다.

1인용 텐트

1인용 텐트는 오토캠핑의 서브 텐트로 사용되거나 백패킹, 즉 알파인용으로 많이 사용된다. 이 제품은 전문적인 백패커를 위한 전문가용 텐트이기 때문에 가격이 비싼 편이다. 이 텐트는 오토캠핑 시에 필수적인 것은 아니라고 할 수 있다. 오토캠핑을 하다 보면 가끔 혼자 만의 캠핑을 꿈꾸게 되는데, 이때 1인용 텐트가 있다면 가벼운 마음으로 떠날 수 있을 것이다.

1인용 텐트의 대표적인 예로는 비박색(Bivouac Sack)

1인용 텐트, 일종의 비박색이다

을 들 수 있다. 비박(Bivouac)이란, 등산 중 긴급한 상황에서 휴식이나 수면을 취하는 것을 말한다. 등산을 즐기는 사람들이 흔하게 즐기는 백패킹의 원조라고 할 수 있다. 초기에는 침낭 형태로 천을 잘라 사용했는데, 점차 그 효용성이 입증되어 최근에는 다양한 형태의 비박색이 판매되고 있다. 비박색은 흔히 '비비색'이라고도 하며, 가벼운 무게가 장점인 초경량(Ultra Light) 텐트이다. 일반적으로 백패킹 유저들이 많이 사용하고 있다. 각 브랜드에서는 이런 비비색에 좀 더 안락하고 풍성한 공간을 제공하기 위해 디자인된 1인용 텐트 제품을 제작, 공급하고 있다. 1인용 텐트로 유명한 외국산 브랜드로는 MSR, 힐레베르그(Hilleberg), 블랙다이아몬드가 있고, 국내 브랜드로는 코오롱스포츠, 코베아, K2가 있다.

힐레베르그 솔로

K2 1인용 텐트

2인용 텐트

2인용 텐트는 1인용 텐트에 비해 좀 더 다양한 브랜드 제품이 판매되고 있다. 텐트의 크기는 2인용과 3인용의 경계가 다소 모호하여 제품마다 크기의 폭이 다양하지만, 앞에서 언급하였듯이 1인이 차지하는 공간을 60cm로 산정하여 계산하면 무난하다. 일반적으로 너비 110~130cm의 사양을 가진 텐트를 2인용 텐트라고 말한다. 대부분의 2인용 텐트는 백패킹용으로 특화되어 있으며, 무게가 2~3.5Kg 내외로 가벼울수록 가격이 고가인 경우가 많다. 그리고 2인용 텐트는 오토캠핑의 서브 텐트 역할을 하기도 한다.

블랙다이아몬드 2인용 텐트

콜맨 2인용 투어링텐트

2인용 알락텐트

3인용 텐트

3인용 텐트는 폭이 1.8m 내외의 텐트이다. 보통 3인용 텐트는 2인이 사용하기에 적당하다. 2인의 잠자리를 구성하고 남은 여유 공간에 배낭이나 장비를 보관하는 것이 편리하다. 3인용 텐트는 백패킹용 텐트의 한계치라고 할 수 있지만, 최근에는 4인 가족을 위한 백패킹용 텐트도 출시되어 있다. 3인용 텐트의 무게가 3kg 내외이므로 백패킹을 위한 가족텐트로 이용한다. 추가적으로 오토캠핑을 위한 서브 텐트, 동계를 위한 거실텐트의 이너용으로 사용할 수 있다. 전실이 있으면 부피가 크지만 편리하고, 전실이 없으면 불편하지만 가볍다.

콜맨 3인용 투어링텐트

코오롱 3인용 텐트

블랙다이아몬드 피츠로이

4~5인용 텐트

4~5인용 텐트는 본격적인 오토캠핑용 텐트라고 할 수 있다. 좀 더 안락한 생활을 할 수 있도록 디자인되어 있으며, 대부분 전실을 가지고 있다. 3인용 이하의 텐트에서는 더블스킨(이너텐트와 플라이가 분리되어 있는 텐트)이 아닌 경우도 있지만, 4인용에서는 대부분이 더블스킨을 채택하고 있다. 4인용 텐트와 5인용 텐트는 최소 2.4m의 폭을 가지는 경우가 많으며, 3~3.6m의 폭을 가진 텐트가 주를 이룬다. 4~5인용 텐트를 구매할 때에는 전실의 면적도 주요한 요소가 된다. 우천 시 텐트의 전실은 타프(Tarp)와 함께 구성하여 거실텐트의 리빙 공간 기능을 발휘하게 된다.

4~5인용 어메니티돔텐트

랜드브리즈 5

4~5인용 텐트를 선택할 때에는 가격, 재질, 편의성, 환기, 방수 능력, 무게, A/S, 넓이, 높이를 고려하는 것이 좋다. 이 밖에도 4~5인용 텐트의 경우, 일반 지면에 설치할 때에는 큰 문제가 없지만 4~5인용 텐트를 자연휴양림의 데크에 올리는 경우에는 자기가 가진 텐트의 크기를 정확하게 알아야 하며, 캠핑을 하려는 휴양림의 데크 크기가 텐트를 올릴 수 있는 상태인지도 확인할 필요가 있다. 무조건 큰 텐트보다는 범용성을 가지는 크기를 선택하는 것이 요령이다. 국내 대부분의 휴양림 데크는 3m 이상인 경우가 많지만, 이보다 작은 경우도 가끔 있다. 3m 폭의 데크에는 2.4m 폭을 가진 4인용 텐트를 설치할 수 있지만, 3m 이상의 크기를 가진 5~6인용 텐트는 설치하기 어렵다.

코오롱의 4인용 돔텐트

콜맨 터프돔텐트

초캠에서 판매한 4~5인용 가족텐트

2 : 팝업텐트, 자동텐트

게으른 사람에게는 팝업텐트를 추천한다. 팝업텐트란, 말 그대로 스스로 설치되는 텐트를 말한다. 모든 것이 자동으로 설치되는 것은 아니다. 수납된 텐트를 펼쳐서 위치를 잡은 후 팩다운으로 텐트를 고정해야 한다. 팝업텐트의 대표적인 예로는 코베아 와우(Wow)와 퀘차를 들 수 있다. 이 텐트는 주력 텐트로 사용하기보다는 보조 텐트로 활용하는 것이 좋다. 가령, 친구나 다른 가족과의 동반 캠핑에서 취침 공간이 부족하거나 여름철 기온의 영향이 비교적 적은 시즌에 사용하면 편리하다. 비가 많이 내리는 여름철에는 갑작스런 폭우 등으로 빠른 철수가 필요한 경우가 있는데, 팝업텐트를 사용하면 설치와 철수가 간단하고, 시간이 적게 소요되므로 편리하게 이용할 수 있다. 팝업텐트의 종류는 2~3인용에서부터 거실텐트까지 다양하다.

퀘차 팝업텐트

코베아 와우 빅돔텐트

코베아 와우텐트

3 : 오토캠핑의 상징, 거실텐트

리빙쉘로 대표되는 거실텐트는 오토캠핑이 활성화되면서 국내에 소개되었다. 2006년 이전에는 돔형텐트나 지금은 잘 사용되지 않는 케빈형텐트가 주류였다. 리빙쉘은 일본 캠핑용품 회사인 스노우피크에서 판매하는 거실텐트의 상품명으로, 거실텐트를 지칭하는 것으로 널리 사용되고 있다. 투룸텐트 역시 콜맨 거실텐트로 판매되는 상품명이다. 리빙쉘과 투룸텐트는 이제 거실텐트를 지칭하는 상징이 되었다. 브랜드별 플래그십(Flagship) 거실텐트를 살펴보자.

코오롱

코오롱에서는 다양한 거실텐트를 판매하고 있다. 오른쪽은 그 중에서 리빙과 취침 공간이 분리된 크래프트텐트이다.

코오롱 크래프트텐트

코베아

코베아 스타게이트텐트는 천장을 통해 밤하늘의 별을 볼 수 있는 텐트이다.

코베아 스타게이트텐트

🎪 콜맨

콜맨 코쿤은 혼자서 설치하기에 버거울 정도로 거대한 텐트이다.

콜맨 코쿤

🎪 스노우피크

스노우피크 리빙쉘은 수많은 아류작을 낳은 명품 텐트이다. 최근에는 이너 공간을 확장한 리빙쉘 롱텐트가 판매되고 있다. 빅이너룸이라고 하는 일체형 이너를 이용하여 좌식모드가 가능하도록 만든 제품도 있다. A형 폴을 이용했기 때문에 바람에 강하고, 별도의 터널형 연결 통로를 통해 어메니티돔, 랜드브리즈돔 텐트를 연결하여 투룸 형식으로 설치할 수도 있다.

스노우피크 리빙쉘

노스피크

노스피크 인디아나텐트는 장기 캠핑에 적합한 텐트이다. 일반적인 경우와 달리, 스틸프레임을 폴(Pole)로 사용한다.

노스피크 인디아나텐트

힐레베르그

알파인텐트의 대명사인 힐레베르그 거실텐트인 아틀라스텐트는 바람에 강한 구조를 가지고 있다.

힐레베르그 아틀라스텐트

프라도

프라도는 최근에 만들어진 신생 브랜드로, 가성비가 훌륭한 제품이다. 이 브랜드에서는 투룸 형식의 벤타나 거실텐트를 판매한다. 3~4인용 가족에게 적당하며, 다른 거실텐트에 비해 소형이다. 여기서 소형이라는 것은 난방 효율이 높다는 것을 의미한다. 다만, 거실 부분의 면적이 조금 작은 것이 단점이다. 이런 부분은 오히려 겨울에 난방 효율을 높이는 결과

프라도 벤타나 거실텐트

를 제공하는데, 많은 캠핑 기구를 보유할 욕심을 가지고 있다면 그리 추천하지 않는다.

노스페이스

의류 브랜드로 유명한 노스페이스도 거실텐트를 판매한다. 노스페이스 텐트의 특징은 컬러에 있다. 노스페이스에서는 다른 회사에서는 잘 선택하지 않는 회색 계열의 색상을 주로 사용하는데, 이 색은 질리지 않고 독특한 분위기를 제공하는 것이 특징이다.

노스페이스 거실텐트

4 : 캠핑 노마드의 상징, 티피텐트

티피텐트란, 미국의 서부영화에서 자주 등장하는 삼각형 모양의 텐트를 말한다. 티피텐트는 1개의 폴을 중심으로 세워지는 텐트이다. 사각형, 팔각형 등 다양한 바닥 모형을 가지고 있다. 티피텐트는 바닥이 분리된 형태와 바닥이 일체형인 형태가 있다. 바닥이 없는 티피텐트는 입식 생활에 편리하다. 바닥 일체형 티피텐트는 외부의 한기를 막아주는 데 탁월한 효과가 있으므로 동계캠핑 시에 유용하다. 특히, 바닥 일체형 텐트는 좌식모드를 선호하는 캠퍼에게 좋은 텐트이다. 티피텐트는 여러 회사에서 판매하고 있으며, 캠핑 카페에서도 많이 제작, 판매되고 있다. 대표적인 제품으로는 노르디스크 난도를 들 수 있다. 중앙의 폴을 중심으로 1/2은 취침 공간, 나머지 1/2은 거실 공간으로 사용된다. 최근에 판매 중인 저렴한 제품을 잘 고르면 돈을 아낄 수 있다.

노르디스크 티피텐트

티피텐트의 변형 제품이다

낭만이 깃든 휴식 공간, 타프

타프(Tarp)는 방수가 되는 천으로 폴을 이용하여 고정한다. 타프의 종류에는 날렵한 모양의 헥사타프와 사각형의 렉타타프가 있으며, 이를 변형한 제품도 있다. 여름철 오토캠핑에서 비를 피하고 리빙 공간을 형성하는 데 사용된다. 미니타프는 텐트 또는 비박용으로 유용하다.

1 : 날렵한 헥사타프

헥사타프는 폴대 2개를 사용하기 때문에 렉타타프에 비해 설치하기가 쉽다는 장점이 있는 반면, 우천 시에 비를 피할 수 있는 공간이 부족하다는 단점도 있다. 가능한 한 텐트와 같은 브랜드를 선택하여 색상을 맞추면, 보기에 좋은 사이트를 구성할 수 있다.

날렵한 헥사타프 1

날렵한 헥사타프 2

2 : 공간이 풍부한 렉타타프

렉타타프는 6개의 폴대가 필요하다. 렉타타프를 보면 우리나라 전통 지붕인 박공지붕이 연상된다. 비가 많이 내리는 여름철에는 비를 피할 수 있도록 넓은 면적을 제공하는 렉타타프가 유리하다. 이 렉타타프의 측면에 사이드 월을 설치하는 경우도 있다. 또 메시 망으로 만든 버그텐트를 렉타타프와 연결하여 사용하기도 한다. 최근에는 렉타타프 전용 풀 스크린 텐트를 이용하기도 한다. 렉타타프에 연결한 후 넓은 공간을 활용하기에 좋다. 다만, 이 스크린텐트는 강풍에 취약하므로 팩다운을 확실하게 설치해야 한다.

렉타타프

넓은 공간을 제공하는 렉타타프

3 : 기타 타프

스노우피크나 오가와 같은 브랜드에서는 타프를 변형하여 큰 거실과 같은 형태로 만들어주는 제품을 판매한다. 이 제품은 내부에 이너텐트도 구성할 수 있으며, 특히 비바람이 부는 날씨에는 그 위력이 대단하다. 거실텐트로도 사용할 수 있는데, 환기구가 작아 내부에 결로가 많이 발생하는 단점이 있다. 니모에서도 비슷한 형식의 헥사라이트를 판매하고 있다.

스노우피크 랜드스테이션

다양하게 변형할 수 있는 랜드스테이션

니모 헥사라이트

잠을 편하게! 취침용품

1 : 바닥의 습기를 부탁해! 그라운드시트

습기를 막아주는 그라운드시트

그라운드 시트

그라운드시트란, 면과 텐트 바닥 사이에 설치하는 방수 성능을 가진 원단으로 제작된 일종의 방수포를 말한다. 그라운드시트의 기능은 지면의 습기를 차단하고 텐트 외부 바닥의 오염을 막아준다. 보통 텐트 바닥의 크기보다 작게 디자인한다. 우천 시 빗물이 텐트 바닥으로 스며드는 것을 방지하기 위해서이다. 브랜드 제품은 보통 판매하는 텐트에 맞는 오리지널 그라운드시트를 판매하거나 텐트에 포함하여 판매한다. 전용 그라운드시트는 비교적 얇은 옥스포드 원단에 PU 방수 코팅을 하여 제작하며, 박음질 부위에 심실링 처리를 하여 방수 및 방습이 되도록 한다. 가격은 비싸지만 가능한 한 전용 그라운드시트를 구매하는 것이 좋다.

그라운드시트는 겨울철 거실텐트에도 반드시 필요하다. 겨울철에는 추운 영하의 기온 때문에 땅이 얼어 있다. 텐트를 설치한 후에 난방을 하면, 기온이 올라가면서 지면이 녹아 질퍽해진다. 따라서 그라운드시트가 없으면 캠핑이 힘들어진다. 눈이 내린 곳에서 캠핑을 할 경우에도 반드시 필요하다.

그라운드시트는 거실텐트 내부의 온도를 높이는 역할을 하기도 한다. 차가운 지면에서 올라오는 한기를 완벽하게 차단하지는 못하지만, 체감 온도를 1~3도 정도 높여주는 역할을 한다. 바닥에서 올라오는 습기는 거실텐트 내부의 천장에 많이 맺히게 된다. 이처럼 그라운드시트를 했을 때와 하지 않았을 때의 차이가 많다.

2 : 안락한 실내 공간을 위한 매트

매트의 종류는 자충식매트와 공기주입식매트로 나누어진다. 자충식매트는 밸브를 열어놓으면 자동으로 공기가 들어간다. 자충식매트의 내부에는 보통 스펀지가 들어가 있어 밸브를 열어두면 스펀지가 부풀면서 공기가 유입되는데, 일반적으로 완전하게 채워지지 않기 때문에 마지막에 입으로 공기를 불어넣어주어야 한다. 이 밖에 자충식매트와 달리 직접 공기를 주입해야 하는 에어매트가 있다.

자충식매트는 내부에 스펀지가 들어가 있어 무게가 나가고 패킹 시 부피가 큰 편이기 때문에 오토캠핑에서 주로 사용되며, 공기주입식매트는 무게가 가볍고 패킹 시 부피가 작기 때문에 주로 백패킹이나 간단모드에 사용된다. 가격은 부피가 작고, 무게가 가벼운 공기주입식매트가 더 비싼 편이다. 이런 제품은 이너텐트용으로 사용되기도 하지만, 동계캠핑에서 야전침대 위에 설치하는 경우도 있다. 에어박스는 호불호가 있는 편이다. 부피가 크고 무겁기 때문에 작은 차량에는 수납하기 어렵다. 그러나 가족이 많을 경우, 가족 수만큼의 에어매트를 사용하기가 부담스럽다면 선택할 만하다. 에어박스가 겨울에 많이 이용되는 이유는 가족 수만큼의 야전침대가 필요 없기 때문이다. 따라서 대가족인 경우에 선택하는 것이 유리하다.

▲ 이너매트

이너매트는 텐트 내부에 사용하는 매트로, 텐트 사이즈에 맞게 디자인되어 있다. 이너매트는 바닥의 미끄러짐을 방지하는 기능과 방습, 방수 기능을 동시에 가지고 있다. 브랜드별로 각 텐트 크기에 맞게 나오는 제품을 구매하는 것이 좋다.

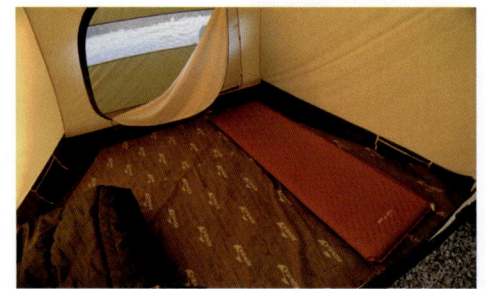

이너매트

발포매트

범용적으로 사용하는 이너매트(Inner Mat)이다. 두께는 약 10mm 내외이며, 크기는 1.5~2.4 등으로 다양하다. 저렴하면서 기능이 충실하고, 나들이 시에도 유용하다.

발포매트

콜맨 발포매트

자충식매트

자충식매트는 밸브를 열면 압축된 내부의 스펀지가 복원되면서 스스로 공기가 충진되는 매트이다. 부피가 비교적 큰 편이기 때문에 오토캠핑용으로 사용하며, 백패킹에는 부피 때문에 사용하기 어렵다.

발포매트 위에 자충식매트를 설치한 모습

에어매트

방수가 되는 비닐 재질로 만든 매트이다. R 밸류 5 이상, 두께가 7cm 이상인 제품을 선택하는 것이 좋다. 자체 펌프가 내장된 제품도 있고, 별도의 펌프를 이용하여 공기를 불어넣는 제품도 있다.

네오에어 올시즌 매트

▲ 에어박스 혹은 퍼즐 평상

두꺼운 비닐 재질로 만든 매트로, 공기를 넣어 사용한다. 어린이 올라가도 견딜 수 있는 하드 타입과 가격이 저렴한 소프트 타입이 있다. 하드 타입은 에어보트용으로 사용되는 것과 동일한 재질의 제품으로, 내부에 여러 층의 공기막을 형성하여 휨이 없이 상부 하중을 지탱하게 된다. 퍼즐 평상이란, 플라스틱으로 만든 조립식 평상을 말한다. 퍼즐 평상의 재질에는 여러 가지가 있으며, 부피가 크다는 것이 단점이지만 겨울 캠핑에서의 위력은 대단하다.

안락한 바닥을 제공하는 퍼즐 평상

3 : 편안한 수면을 위한 침낭(슬리핑백)

침낭은 캠핑용품 중에서 가장 선택하기 어렵고, 가격도 비싼 편이다. 침낭을 스스로 잘 선택할 수 있다면 캠핑 전문가가 되었다고 해도 무방하다.

침낭의 구분	
내부 충진 재료에 따른 구분	형태에 따른 구분
솜 침낭,	사각형 침낭, 머미(Mummy) 침낭,
오리털(덕다운, Duck Down) 침낭,	1인용 침낭, 2인용 침낭
거위털(구스다운, Goose Down) 침낭	사용 계절에 따른 구분
	하계용, 3계절용, 동계용

캠핑의 필수품인 침낭

사각형 침낭

머미형 침낭

내한온도

침낭을 구매할 때에는 반드시 내한온도를 확인해야 한다. 어느 정도의 온도에서 잠을 잘 수 있는지를 확인하는 것은 매우 중요하다. 내한온도는 다음과 같은 기준으로 구분한다.

침낭 제품은 유럽 표준에 따라 상한(Upper Limit)온도, 쾌적(Comfort)온도, 하한(Lower Limit)온도, 내한(Extreme)온도를 표기하고 있으며, 유럽 표준(EN13537)은 다음과 같다.

■ 상한(Upper Limit)온도

표준 체형의 남성이 후드와 지퍼를 열고 팔을 침낭 밖으로 내놓은 상태에서 많은 땀을 흘리지 않고 잘 수 있는 온도

■ 쾌적(Comfort)온도

표준 체형의 여성이 긴장하지 않고 편안한 자세로 기분 좋게 잘 수 있는 온도

■ 하한(Lower Limit)온도

표준 체형의 남성이 웅크린 자세로 깨지 않고 8시간을 잘 수 있는 온도

■ 내한(Extreme)온도

표준 체형의 여성이 6시간 동안 저체온으로 인한 사망의 위험을 피할 수 있는 최소 온도(동상의 가능성이 있음.)

표준 체형의 남성
25세/174cm/73kg

표준 체형의 여성
25세/160cm/60kg

추천 침낭

- 3계절용 : 트레블첵, 콜맨
- 오토캠핑 동계용 : 준우아웃도어, 히노비우스
- 백패킹용 고급 침낭 : 몽벨, 준우아웃도어

동계에는 머미형 침낭이 필수

침낭을 압축해주는 압축색

야외에서도 집처럼!
가구용품

오토캠핑은 차에 필요한 장비를 수납해서 떠난다. 몸으로 직접 장비를 옮겼던 부모님 세대의 캠핑과는 다르다. 가장 큰 차이는 좌식 생활에서 입식 생활로의 변화다. 우리네 거주 공간이 좌식에서 입식으로 변했듯이 캠핑의 모습도 그렇게 변화되고 있다. 타프 아래 근사하게 구성된 사이트를 바라보는 것만으로도 기분이 좋아진다.

캠핑장에서 집처럼 생활하는 데 도움을 주는 가구들

1 : 멋진 사이트를 위한 캠핑 테이블

오토캠핑에서 테이블은 기본적인 장비다. 수납성과 이동성을 확보하기 위해 테이블은 가벼우면서 접힐 수 있도록 디자인되었다. 대표적인 오토캠핑용 테이블로는 알루미늄 접이식 테이블을 들 수 있다. 크기에 따라 2단에서 4단까지 다양하다. 테이블 위에 바비큐를 할 수 있도록 구멍이 파여 있는 테이블도 있다.

알루미늄 접이식 테이블

접이식 BBQ테이블

오토캠핑용 알루미늄 테이블의 재질을 우드로 변경한 제품들도 있다. 우드테이블은 초기에 높이가 660mm 정도로 높게 디자인되었지만, 오토캠핑이 활성화되면서 400mm 정도로 낮은 테이블로 진화했다. 원액션테이블은 한 번에 접거나 펼 수 있도록 디자인된 제품이다. 최초로 판매된 제품은 일본 스노우피크 제품이다.

우드 원액션테이블

하이모드 테이블

편리한 사이드 테이블

IGT

사이드 테이블은 주로 화로대 주변에서 사용할 수 있도록 디자인된 제품이다. 상판이 스테인리스이기 때문에 화기에 강하다. 이런 테이블은 솔로캠핑에도 유용하며, 일종의 서브 테이블로도 많이 이용된다. 릴렉스체어 사이에 배치하여 커피를 마시는 데 사용하기도 한다.

IGT는 일본 스노우피크에서 만든 제품이다. 모듈식으로 다양한 툴(Tool)을 하나의 프레임에 설치하여 사용할 수 있다. 기본적인 프레임은 투버너만 거치하는 쇼트사이즈에서 롱프레임까지 3가지 형태가 있다. 이 프레임에 다리를 조립하여 사용한다. 다리 높이는 좌식인 300mm, 로우모드인 400mm, 조금 높은 660mm, 그리고 입식인

830mm가 있다. IGT는 프레임과 멀티 펑션(우드 상판)을 무한 연결할 수 있다. 코너 상판을 이용하면 ㄱ자 형태로 꾸밀 수 있다. IGT는 다양한 변신을 통해 오토캠핑이 활성화되던 초기에 많은 인기를 끌었다. 그러나 조립이 번거롭고 가격이 비싸 점차 퇴색하는 분위기다. 최근에는 로우모드 테이블 위에서 조리하거나 식사를 하는 등 점차 간편한 방식으로 변하고 있다.

IGT는 한때 잘 나가는 오토캠퍼의 전형이었다. 렉타타프를 2~3개 연결한 후, 그 아래에 각자 가지고 온 IGT를 15m 이상 연결하여 사용했던 모습이 눈에 선하다. 그러나 이제는 IGT가 점차 사람들의 선호 대상에서 멀어지고 있다. 오토캠핑이 보편화되면서 다양성을 찾는 사람들이 많아진 덕분에 IGT의 화려한 오토캠핑 모습은 볼 수 없게 되었다.

이로리테이블은 화로대와 세트로 사용하는 테이블이다. 사각형의 테이블 중간에 화로대를 집어넣어 여러 명이 동시에 온기를 느낄 수 있고, 그 테이블 위에 음식을 놓고 먹을 수도 있는 편리한 테이블이다. 요즘에는 수납하기가 좋고, 일반 테이블용으로 사용할 수 있는 등 아이디어가 좋은 제품들이 많다.

백패킹 및 솔로캠핑에 좋은 소형 테이블은 수납과 조립이 간편한 제품이다. 힘들게 트레킹을 하는 백패킹에서 과연 이런 장비가 필요할까 싶겠지만, 있는 것과 없는 것의 차이는 크다. 텐트 안에서 혼자 음식을 해 먹을 때 이런 작은 테이블이 있으면 스토브의 열이 텐트 바닥에 전달되는 것을 막아준다. 알루미늄 재질로 만든 접이식 테이블 외에 가벼운 폴과 천을 이용하여 조립하는 형식의 테이블도 있다.

이로리테이블

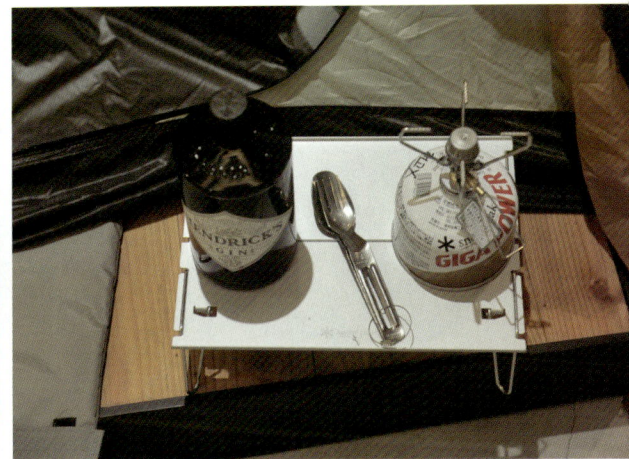
솔로캠핑 및 백패킹용 소형 테이블

2 : 다리를 편안하게 캠핑체어

오토캠핑의 기본은 입식이다. 입식모드에서 필수적인 장비는 의자다. 2008년 즈음에는 테이블의 높이가 660mm 정도로 일반적인 가정에서 사용하는 식탁과 같이 일종의 하이(High)모드가 대세였지만, 최근에는 로우체어(Low Chair)가 대세다. 즉, 높이 400mm 정도의 낮은 테이블을 이용한다. 이 경우에는 로우체어가 그 높이에 맞다. 간편한 캠핑용 의자로는 속칭 BBQ체어가 좋다. 부피도 작고 간단하면서 필요에 따라 물건을 올려놓을 수도 있다.

콜맨 로우체어인 노스

백팩용으로 특화된 트레킹체어로는 헬리녹스에서 판매하는 것이 유명하다. 등산용 배낭에 간단하게 수납할 수 있도록 디자인되어 있다. 최근 많은 사람들이 수납의 편리성 때문에 많이 선택한다. 하지만 무게가 가벼워 안정감이 떨어진다는 단점이 있다. 아이들이 사용하면 넘어질 수 있으므로 주의해야 한다.

좌식과 입식으로 사용할 수 있는 트레킹체어

이 밖에 릴렉스체어는 로우체어와 높이가 비슷하지만, 등받이의 각도가 더 크기 때문에 편안하게 휴식을 취할 수 있다.

폴딩체어는 접대용으로 사용하기에 좋다. 또 입식모드에서 가방이나 물품을 올려놓고 정리하는 데 편리하다. 가격도 일반 의자와 비슷하므로 비상용으로 가지고 다니기에 좋다.

코베아 릴렉스체어

베른 릴렉스체어

물건을 올려놓기 좋은 폴딩체어

3 : 폴더블 셸프(Foldable Shelf)

캠핑을 할 때는 숙식을 하기 위한 다양한 도구들이 필요하다. 사이트가 잘 정리되어 있지 않으면 캠핑을 하는 기분이 상할 수도 있다. 이런 상황에서 작은 용품들을 정리해주는 수납 장치가 있으면 편리하다. 이런 수납 장치의 일종이 바로 폴더블 셸프다. 원어의 의미처럼 이동과 수납이 편리하고, 조립이 가능한 수납장이다. 콜맨 제품이 대표적이며, 최근 다양한 회사에서 판매하고 있다.

폴더블 셸프

4 : 야영장의 주방, 키친테이블

키친테이블은 자신이 가진 제품의 특성에 맞는 제품을 선택해야 한다. 오토캠핑에서 필수품처럼 인식되어 대부분의 입문자가 구매를 한다. 최근에는 낮은 높이(400mm)의 로우테이블이 유행하면서 점차 인기를 잃어가고 있다. 키친테이블은 IGT(Iron Grill Table)과 비교되는 장비다. 일본 스노우피크에서 나온 IGT는 키친테이블의 용도로도 사용할 수 있으므로, IGT와 키친테이블을 중복 구매하는 일이 없도록 유의해야 한다. 자신의 스타일을 잘 고려하여 구매하도록 하자.

키친테이블

주방 공간을 제공하는 키친테이블과 IGT

5 : 입식 생활이 가능한 야전침대

동계캠핑에서 야전침대가 지닌 위력은 대단하다. 그 이유는 동계캠핑에서 대류식난로를 사용하여 난방을 할 경우 차가운 공기는 바닥으로 내려가고, 더운 공기는 상부로 올라가는 대류 현상에 의해 바닥에 근접한 30cm 정도까지는 영하의 온도를 형성하고, 그 위로는 그나마 조금 따뜻한 온도를 형성하기 때문이다.

야전침대는 편안한 취침을 위한 대표적인 도구라고 할 수 있다. 야전침대는 수납과 이동이 편리하도록 디자인되어

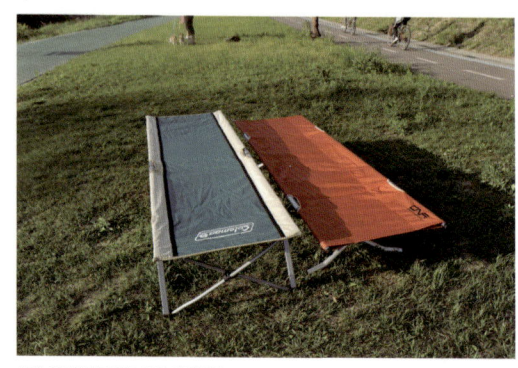
동계 오토캠핑의 필수품인 야전침대

있다. 군용 스타일, 스노우피크 스타일, 고콧 스타일 등 다양한 스타일의 제품이 판매되고 있다. 지면이 고르지 못해 등배김이 심한 곳 등에서 사용하면 편안하게 취침할 수 있다. 야전침대는 동계캠핑에서도 많이 사용된다. 지면에서 올라오는 차가운 한기가 직접 느껴지지 않기 때문에 편안하게 취침할 수 있다.

야전침대를 이용한 침실 구성

맛있는 캠핑을 위한 취사용품

캠핑의 묘미 중 가장 으뜸은 야영장에서 먹는 음식이다. 야외에서는 어떤 음식이라도 맛이 좋다. 캠핑이 처음이라면 삼겹살을, 경험이 쌓이면 바비큐에도 도전해보자. 캠핑 요리책이 잘 팔리는 데는 그럴 만한 이유가 있다. 시중에는 가능한 한 간단하게 조리해서 맛있게 먹을 수 있는 다양한 취사용품이 판매되고 있다. 주요 용품을 중심으로 살펴보자.

스토브와 버너는 '조리를 할 수 있는 취사도구' 혹은 '난방을 할 수 있는 작은 도구'라는 의미를 지니고 있다. 우리나라에서는 거의 같은 의미로 사용되는데, 흔히 가스버너는 부탄가스 등을 이용한 취사도구를 의미한다. 스토브는 서양에서 벽난로와 같이 난방을 겸하는 의미로 사용되었다. 우리나라에서는 이 2가지 개념이 구분 없이 사용되고 있으므로, 캠핑에서는 '연료를 이용하여 취사를 하는 장치' 정도로 해석하면 된다. 시중에 다양한 제품들이 판매되고 있으므로, 캠핑 스타일에 따라 신중하게 선택하는 것이 좋다.

1 : 편리한 가스버너

가스버너는 부탄가스 혹은 LPG가스를 연료로 사용하는 버너를 말한다. 캠핑용으로 판매되는 이소부탄가스는 가정용으로 사용되는 220g의 부탄가스보다 끓는점이 낮기 때문에 추운 계절에도 사용할 수 있다. 각 가스별 사용 온도는 다음과 같다.

부탄가스(0℃) > 이소부탄가스(-10℃) > LPG가스(-42℃)

여름철에는 일반 부탄가스를 사용해도 무방하지만, 기온이 낮은 겨울철에는 이소부탄가스를 사용해야 한다. 동계 백패킹의 극한 상황에서는 LPG가스를 전용 용기에 충전하여 사용하기도 한다.

간편한 원버너

원버너

많은 요리를 할 때 편리한 트윈버너

캠핑에서는 어떤 연료를, 얼마만큼 준비해야 하는지가 궁금할 수 있다. 개인별로 편차가 있겠지만 1박2일의 경우, 요리만 한다면 450g 1개 혹은 230g 2개를 준비하는 것이 적당하고, 2박3일인 경우에는 이것의 2배 정도가 적당하다. 각자 가지고 있는 버너의 열량을 체크한 후에 시간당 연료 사용량을 계산하면 산출할 수 있다.

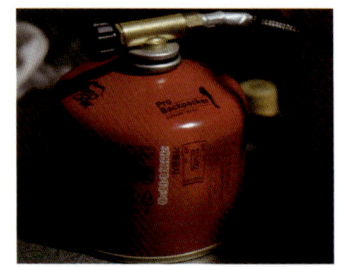
이소부탄가스 220g

2 : 믿음직한 석유버너

가스는 사용이 편리하기 때문에 많이 사용되지만, 겨울철에는 그 성능이 저하되는 단점이 있다. LPG가 아닌 이소부탄가스의 경우에도 영하의 기온에서는 제대로 사용하기가 어렵다. 오토캠핑에서는 상황이 조금 다르다. 난방을 통해 텐트 내부의 온도를 높여주면 큰 문제가 없다. 간단모드나 백패킹의 경우처럼 외부에서 조리를 해야 한다면 석유버너의 성능을 따라갈 수가 없다. 과거에 많이 사용했던 석유버너는 기화기를 예열한 후에 사용해야만 했다. 최근의 석유버너는 높은 압력을 통해 석유를 기화시켜 비교적 손쉽게 사용할 수 있다. 만약, 동계캠핑을 생각한다면 구입하기를 권한다.

믿음직한 석유버너

3 : 코펠

코펠은 야영장에서 반드시 필요한 장비다. 독일어인 'Kocher'는 수납이 가능한 취사도구를 말한다. 알루미늄, 스테인리스 제품이 주를 이룬다. 최근에는 압력밥솥 등이 추가되어 선택의 폭이 넓다. 코펠에는 보통 대, 중, 소 크기의 냄비와 프라이팬, 밥그릇, 접시 등을 수납할 수 있도록 되어 있다. 코펠은 크게 알루미늄

신뢰성 있는 백마코펠

제품과 스테인리스 제품으로 나누어진다. 경질 알루미늄 제품은 가격이 저렴하고 스테인리스 제품은 삼중 바닥 등 일반 가정용 제품과 마찬가지로 성능이 우수하다. 백패킹과 같이 무게에 민감한 캠핑에 이용되는 코펠은 무게가 가벼운 티타늄 소재를 이용한다. 코펠을 구매할 때에는 어떤 점을 고려해야 하는지 알아보자.

 스태킹

코펠이 가지고 있는 가장 중요한 요소는 스태킹(Stacking)이다. 스태킹이란, 수납 부피를 줄이기 위해 작은 그릇부터 큰 그릇까지 차곡차곡 쌓는 수납 방법을 말한다. 대부분의 코펠에서는 스태킹이 기본이지만 특정 브랜드의 제품, 유니프레임의 라이스쿠커, MSR의 스킬렛과 같은 개별 제품을 어떻게 기존 보유한 제품과 잘 스태킹할 것인지를 생각해야 한다. 스태킹을 고려하지

티타늄 코펠

않고 필요에 따라 그때그때 코펠류를 구입하다 보면 개별적으로 들고 가야 하는 일이 발생할 수 있다.

유니프레임 코펠

스노우라인 통삼중 코펠

트란지아버너와 코펠 세트

🏕 무게

오토캠핑에서 코펠의 무게는 큰 요소가 아니지만 백패킹과 같은 간단모드에서는 이야기가 다르다. 단 몇 그램을 아끼기 위해 백패커들은 목숨을 건다는 말이 있을 정도다. 코펠의 무게는 제품의 재료에 따라 다르다. 스테인리스, 알루미늄, 티타늄 순으로 그 무게가 가볍다. 티타늄은 무게가 가볍지만, 화력에 따라 제품이 손상되기도 하므로 잘 사용해야 한다.

🏕 사용 인원

자신의 캠핑 스타일에 따라 사용 인원을 결정해야 한다. 백패킹과 같이 혼자서 모든 것을 해결해야 하는 경우라면 1인용 코펠을 사용해야 한다. 오토캠핑에서는 가족 수만큼 준비하면 되지만, 무게나 부피는 그리 중요하지 않으므로 가급적 최대 용량의 제품을 선택하는 것이 좋다. 간혹 뜻하지 않게 접대캠핑(손님들이 많은)을 하는 경우가 있는데, 이때에는 가족 수보다 많은 인원의 음식을 만들어야 하므로, 대비하여 넉넉한 용량의 코펠을 준비하는 것이 좋다.

4 : 쿨러

전기를 이용하는 휴대용 냉장고도 있지만 캠핑용으로 사용되는 쿨러는 얼음을 넣어 사용하는 것이 대부분이다. 겨울철에 쿨러가 사용되는 이유는 음식이 얼지 않도록 하기 위함이다. 휴대용 쿨러의 종류는 플라스틱제품, 비닐제품, 스틸(Steel)제품으로 나눌 수 있다. 오토캠핑에서 가장 큰 부피를 차지하는 것은 쿨러이다. 한여름에는 최대 용량 약 45L의 제품이 좋지만, 그 밖의 계절에는 조금 작은 용량의 제품이 좋다. 2~3개의 쿨러를 보유하는 것이 좋은 이유는 바로 이 때문이다. 여름용은 하드 타입, 다른 계절용은 소프트 타입으로 구입하자.

소프트 타입의 쿨러 1

소프트 타입 쿨러 2

하드 타입 쿨러

5 : 화로대(파이어캠프)

캠핑의 낭만 중 하나는 모닥불이다. 외국영화에서는 맨땅에 모닥불을 피우는 장면을 심심치 않게 볼 수 있는데, 지면에 직접 불을 피우면 그 열기로 인해 땅속의 미생물이 죽고, 남은 재를 처리하기도 어렵다. 국내 야영장에서는 화로대를 사용하는 것이 좋다. 대부분의 화로대는 수납이 가능하도록 디자인되어 있다. 역피라미드 형태의 화로대는 아래쪽에 재받이가 있고, 중간에 모닥불이 잘 타도록 공기 구멍이 설치되어 있다.

화로대

6 : 3way BBQ

코베아의 제품으로 캠핑뿐만 아니라 집에서 사용하기도 한다. 한 가지 제품으로 찌개를 끓이고, 고기를 굽고, 꼬치를 조리할 수 있다. 최근에는 용량이 더 큰 빅사이즈 제품도 출시되었다.

3Way BBQ

7 : 수저

캠핑용 수저를 별도로 판매하며, 수저통에 수납할 수도 있다. 집에서 사용하는 수저를 사용해도 된다.

사용 인원에 맞는 준비가 필요하다

어둠을 밝히는 조명용품

랜턴은 캠핑 시에 꼭 필요한 물품이다. 필수품인 만큼 용도에 따라 여러 개를 준비해야 한다. 랜턴은 사용 연료에 따라 전기(건전지)랜턴, 가스랜턴, 등유(휘발유)랜턴으로 나눌 수 있다. 또 사용 용도에 따라 개인의 활동에 맞춘 헤드랜턴, 텐트 내부나 테이블 위에 사용하는 랜턴, 사이트 전체를 비추는 광량이 큰 랜턴으로 나눌 수 있다. 최근에는 LED랜턴의 발달로 이런 경계가 허물어지고 있는 상황이다. 전기를 덜 사용하고, 전기보다 밝은 LED랜턴은 광량을 조절할 수 있을 뿐만 아니라 사이트 전체를 비추거나 텐트 내부에서도 사용할 수 있다.

1 : 안전한 전기랜턴

전기를 이용한 랜턴으로, 요즘 많이 판매되는 LED랜턴이 대표적이다. LED랜턴은 충전을 한 후에 야영장에서 사용하는 랜턴이다. 충전한다는 것이 조금 번거롭기는 하지만 안전하고, 건전지 비용이 발생하지 않는다는 장점이 있다. 텐트 내부, 특히 돔텐트나 거실텐트의 이너텐트에는 안전을 위해 반드시 전기(건전지)랜턴을 사용해야 한다.

LED랜턴

2 : 테이블의 낭만 도구, 가스랜턴

살랑거리는 바람이 조금씩 부는 날, 테이블의 가스랜턴이 주는 빛은 낭만 그 자체다. 큰 광량을 가진 코베아의 갤럭시 가스랜턴이나 콜맨 가스랜턴도 있지만, 이 제품들은 주로 사이트 전체를 비추는 데 사용한다. 가스랜턴은 광량이 조금 작은 것을 선택하여 테이블 위를 밝히는 용도로 사용하는 것이 낭만적이다.

다양한 가스랜턴

3 : 사이트를 비추는 석유랜턴

부탄가스나 이소부탄가스를 사용하는 가스랜턴은 연료의 특성상 기온이 내려가는 겨울철에는 효용성이 떨어진다. 어떤 날씨에도 균일한 밝기를 확보하는 석유랜턴이 신뢰가 가는 이유다. 석유랜턴은 압력을 가하여 기화된 기체를 이용하는 랜턴이다. 대부분의 석유랜턴은 펌핑(Pumping)을 하는 과정을 거쳐야 한다. 석유랜턴은 신뢰성이 있고, A/S가 좋은 페트로막스와 콜맨 노스스타가 가장 많이 사용되고 있다.

콜맨 노스스타

4 : 가로등이 되어주는 랜턴스탠드

랜턴걸이는 일명 '돼지꼬리'라고도 한다. 이 제품은 폴에 고정하여 랜턴을 걸어두는 데 사용한다. 타프를 설치할 때 폴은 설치해야 하므로 큰 문제가 없지만, 타프를 설치하지 않는 경우에는 랜턴을 걸어둘 곳이 필요하다. 이 경우에 사용되는 것이 랜턴스탠드다. 랜턴스탠드의 종류에는 삼각대 형태의 것과 단일 파이프를 박아 사용하는 파일드라이브가 있다. 사용하기에는 삼각대 형태가 편하지만, 공간을 차지하고 잘못하면 넘어지는 경우가 있으므로 파일드라이브를 사용하는 것도 좋다.

랜턴스탠드는 필수품

5 : 멘틀

멘틀은 소모품으로, 가스랜턴이나 석유랜턴에서 실제 빛을 발광시키는 도구다. 처음 설치한 후에 불을 붙여 태운 상태에서 사용하므로, 약간의 외부 충격에도 쉽게 파손된다. 랜턴을 켜기 전에 멘틀의 상태를 보고 파손된 부분이 있으면 교체해야 한다. 파손된 작은 부위로 열이 나와서 글로브(랜턴 유리)를 파손시키는 원인이 된다. 자신의 랜턴에 맞는 멘틀은 캠핑을 갈 때 예비로 가지고 가는 것이 좋다.

멘틀을 처음 사용하기 위해서는 멘틀 태우기를 해야 한다. 파손된 멘틀을 꺼내고 새 멘틀을 부착한다. 라이터로 불을 붙여 태운다. 멘틀은 쉽게 파손되므로 자체적으로 불이 완전히 꺼질 때까지 충격을 주면 안 된다.

멘틀   멘틀 태우기

동계캠핑 편의용품

스노우캠핑의 정취

겨울철에 캠핑을 간다고 하면, 대부분의 사람들은 "이 추운 날에 무슨 야영이냐?", "그러다가 얼어 죽는 것 아니냐?" 등의 반응을 보인다. 하지만 캠핑을 즐기는 사람들은 대부분 동계캠핑이야말로 캠핑의 꽃이라고 말한다. 물론 동계캠핑이 무조건 좋을 수는 없다. 혹독한 추위 속에서 캠핑을 즐긴다는 것은 상당한 대가를 지불해야만 한다. 다른 계절과 달리 준비를 철저히 해야 한다.

동계캠핑을 즐기는 사람들은 대부분 전기 사용이 가능한 야영장을 선호한다. 그 이유는 좀 더 안전하고 쾌적한 캠핑을 하기 위함이다. 동계캠핑의 가장 큰 적은 추위다. 거실텐트에서 생활을 하는 경우에는 등유 혹은 가스난로를 이용하여 내부 온도를 따뜻하게 유지할 수 있다.

동계캠핑은 힘들지만 즐거운 경험을 선사한다

동계캠핑에서 유의해야 할 점은 텐트 내부 대류의 흐름이다. 온도가 높은 공기는 가볍기 때문에 위로 올라가고, 차가운 공기는 아래로 내려간다. 텐트 내부의 상부 온도는 따뜻하고, 하부 45cm 높이 이하의 온도는 외부 기온과 거의 동일할 정도로 차다. 따라서 바닥 난방은 필

동계캠핑에서 난방은 필수

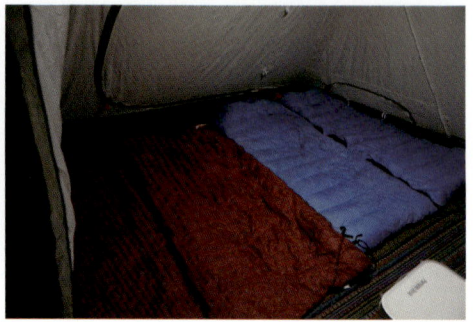
전기장판 위에 침낭을 펼친 모습

수다. R 밸류가 높고 높이 7cm 이상인 에어매트 위에 보온력이 우수한 고가의 구스다운 침낭을 이용하면 영하 30도의 온도에서도 취침이 가능하다. 그러나 고가의 침낭을 가족 수만큼 보유한다는 것은 보통의 가정에서는 불가능하다. 어린아이는 침낭을 벗어나는 경향이 많기 때문에 적당한 바닥 난방과 최소한의 적정 내부 온도가 유지되지 않는다면 감기에 걸리기 쉽다. 이러한 이유 때문에 전기를 이용한 바닥 난방을 선호하는 것이다. 거실 공간에서 난방 기구를 이용한 최소한의 적정 기온(영상 15~18도)의 공기층 확보와 함께 전기를 이용한 바닥 난방이 동계캠핑에서의 기본 구성이 된다. 전기가 공급되는 사설 야영장이나 최근 들어 늘어나고 있는 자연휴양림 중 전기 사용이 가능한 곳이 동계캠핑의 야영지로 적합하다고 할 수 있다.

티피텐트 내부의 모습

1 : 어떤 장비를 준비해야 할까?

동계캠핑에서는 휴대용 대소변기가 유용하다. 포타포티라는 제품이 많이 사용된다. 전용 약품을 사용하며, 펌프를 해서 내부의 물을 흐르게 하는 방식이다.

휴대용 화장실

필수 장비

거실 난방 가구
- 대류식난로,
- 반사식 가스난로,
- 화목난로

거실텐트
- 거실 공간만 구성된 리빙쉘류,
- 거실과 이너가 구분된 투룸텐트,
- 티피텐트

이너텐트 바닥 난방 가구
- 전기장판, 전기요,
- 온수보일러

옵션 장비
- 야전침대
- 핫팩

바닥 난방과 팬히터로 꾸민 동계캠핑 텐트 내부

거실텐트 내부에 설치된 이너텐트

야전침대

핫팩

2 : 동계를 부탁해, 석유난로

2008년 초봄에 오토캠핑을 처음 시작할 때만 해도 추운 겨울에 오토캠핑을 할 것이라는 생각은 전혀 없었다. 동호회 카페에 가입하고 이런저런 모임을 따라다니면서 생각이 바뀌었다. 대부분의 동계캠핑을 경험한 사람들은 "진정한 오토캠핑은 동계캠핑이다. 눈 내리는 추운 겨울날, 석유난로 주변에 둘러앉아 이야기를 나누는 기분은 경험하지 못한 사람은 전혀 알 수 없다"라고 이야기한다.

파세코 석유난로

동계캠핑에 대한 노스텔지어(Nostalgia)는 스노우피크 리빙쉘을 타고 올라가는 듯한 눈의 모습이 찍힌 한 장의 사진에서 시작되었다. 그 사진 속의 상황을 경험해보고 싶었다. 그렇게 알게 된 것이 파세코 22 난로다. 석유난로는 이전부터 있었던 제품이다. 1960년대의 석유곤로와 비슷하다. 심지에 불을 붙여 음식을 조리했던 것을 난방으로 바꾸었다.

석유난로의 난방 원리는 대류이다. 상승하는 대류의 원리를 이용하여 난방을 한다. 최근에는 편리한 수납을 위해 난로의 높이를 낮췄다가 야영장에서 다시 높여 사용하는 제품도 나왔다. 석유난로의 연료량은 하루에 8~10L 정도다. 2박3일이라면 약 20L의 연료를 준비하는 것이 좋다.

이것 만은 꼭!

거실텐트의 내부 체적이 크다고 하더라도 가스 같은 화기를 사용하는 것은 위험하므로, 반드시 환기구를 확보해야 한다. 해마다 뉴스에 나오는 캠핑장에서의 난방 기구 사망 사고의 유형은 다음과 같다.

- 작은 돔텐트 내부에 석유난로나 가스난로를 켜 놓고 잠을 자다 사망
- 큰 거실텐트 내부에 화로대(차콜)를 설치해 놓은 상태에서 음식을 하다가 정신을 잃음.

방송사의 실험에서도 밝혀진 바와 같이 돔텐트의 내부에 가스난로를 켜놓으면 불과 3~5분 안에 산소포화도가 질식 수준으로 떨어진다. 특히 돔텐트는 충분한 환기구가 없는 경우가 많고, 겨울철에는 머드스커트를 내려놓기 때문에 공기 순환이 거의 되지 않는다. 이렇게 공간이 작은 돔텐트의 내부에 화기를 켜놓고 술을 마신 상태에서 잠을 청하는 것은 자살 행위나 마찬가지다.

거실텐트의 내부에서 석유, 가스난로를 장시간 켜놓고 난방 및 취사를 할 수밖에 없는 동계에는 반드시 환기구를 열어놓아야 한다. 충분한 환기가 보장이 되어야만 안전하다는 것을 명심하자. 환기로 인해 텐트 내부 온도가 떨어진다 하더라도 잠을 청할 때는 이너텐트를 이용하면 좀 더 따뜻한 기온에서 잠을 청할 수 있으므로 잘 이용해야 한다.

3 : 간편한 가스난로

오토캠핑 초기에 사용되었던 제품 중 '부엉이'라 불리는 제품이 있다. LPG를 연료로 난방을 했던 제품인데, 요즘은 잘 사용하지 않는다. 부엉이라는 이름은 화구가 마치 부엉이 눈처럼 생겼기 때문에 붙여진 것이다. 가스난로는 호불호가 갈리는 제품이다. 요즘 야영장에서는 LPG가스통을 배달해주기 때문에 그리 불편하지 않지만, 이전에는 자신이 직접 가스통을 가지고 가스 공급소에 가서 주입을 해야만 했다. 약간의 불편함이 있기는 하지만, 가스난로는 사용하기가 편리하기 때문에 캠핑에 많이 이용되는 편이다. 가스난로의 난방은 복사열을 이용한다. 단일 방향으로 열이 전달되므로 석유난로보다는 텐트 내부의 공간이 효율적이다.

간절기용 리틀썬 가스난로

4 : 안전한 팬히터

우리나라 가정에서도 많이 사용했던 팬히터(Fan Heater)가 이젠 야영장에서도 사용된다. 팬히터란, 석유나 가스로 데워진 열기를 팬(Fan)을 이용하여 강제적으로 불어주는 난로를 말한다. 팬히터는 열이 발생되는 부분이 외부에 직접적으로 노출되지 않기 때문에 석유난로나 가스난로에 비해 안전하고, 온도를 조절할 수 있다는 장점이 있다. 반면, 전기를 기반으로 작동되는 팬히터는 반드시 전기가 공급되는 오토캠핑장에서만 사용할 수 있다는 단점이 있다. 팬히터는 대류식 석유난로에 비해 연료 소모량이 작은 편이기 때문에 연료비를 절약할 수 있다.

어린 아이들과 함께하는 오토캠핑이라면 팬히터를 사용하는 것이 좋다. 나의 경우, 초기에는 파세코 석유난로를 이용하여 난방을 했다. 하지만 아들이 난로의 표면에 화상을 입은 후로는 팬히터를 사용한다. 스노우피크 리빙쉘에 빅이너룸을 설치하고, 그 안에 팬히터를 설치하여 난방으로 이용하면 된다. 좌식모드로 운영을 하면서 팬히터를 설치하면 안전하고 따뜻하게 캠핑을 즐길 수 있다.

팬히터를 사용하더라도 실내의 환기구 개방은 필수다. 아랫부분은 신선한 공기가 들어올 수 있도록 해야 하고, 윗부분은 뜨거운 공기가 자연스럽게 빠져나갈 수 있도록 해야 한다. 뜨거운 공기가 위로 올라가는 현상을 이용하여 실내의 오염된 공기가 순환되도록 하면 비교적 안전하게 동계캠핑을 즐길 수 있다.

안전하고 편리한 팬히터

5 : 4계절 필요한 전기요

극서기인 7, 8월을 제외한 나머지 계절에는 전기요가 필수다. 언플러그 캠핑을 주창하는 사람들은 "충분한 바닥 공사를 하면 한겨울에도 굳이 전기요가 필요 없다"라고 말한다. 하지만 그 '충분한 바닥 공사'라는 것에 담긴 의미를 잘 해석해야 한다. 여기서 충분한 바닥 공사란, 바닥에서 올라오는 차가운 기운을 완전히 차단한다는 뜻인데, 이에는 R 밸류가 높은 고가의 에어매트와 발포매트가 전제되어야 한다. 비교적 얇은 바닥매트 위에 놓인 전기요만으로도 숙면을 취할 수 있다는 것을 잊지 말자. 전기 공급이 가능한 곳이라면 무리해서 부피가 큰 매트를 많이 가지고 갈 이유가 없다. 전기요는 전기를 이용하여 발열을 하는 것이다. 따라서 항상 높은 열에 주의해야 한다. 잠을 자면서 온도를 느끼지 못해 저온화상을 입거나 전기요의 온도를 무심코 높였다가 화재가 발생하는 경우도 있다. 전기요는 내부의 발열전선이 접히지 않도록 주의해야 한다.

6 : 쾌적한 내부를 위한 서큘레이터

서큘레이터(Circulator)는 '보네이도(Vornado)'라는 브랜드의 제품을 캠핑용으로 판매하면서 많이 알려졌다. 강제 팬이 달린 팬히터와 달리 대류식 석유난로의 단점은 바닥에서 30cm 정도까지는 기온이 매우 낮고, 그 위로는 점점 기온이 올라간다는 것이다. 상고저하의 온도 상태를 에어 서큘레이터를 통해 순환시키면 상부와 하부의 온도가 균일하게 되는 방식이다. 실제로 겨울철 거실텐트 내부에서 실험을 한 결과, 2도 정도의 온도 상승 효과가 있었다. 서큘레이터는 캠핑뿐만 아니라 여름철 집안에서 에어컨을 틀었을 때와 같이 사용하면 집안 전체의 온도를 함께 낮추는 효과가 탁월하다. 석유난로 위에 직접 올려서 사용하는 에코팬도 있으므로, 기호에 맞게 선택하는 것이 좋다.

동계용품 구입 비용
- 석유난로: 22~30만 원
- 팬히터: 30~40만 원
- 전기요: 6~8만 원
- 서큘레이터: 10만 원 내외

서큘레이터는 난방을 보조한다

야영장의 즐거움을 부탁해

1 : 아이들이 좋아하는 해먹

해먹은 아이들도 좋아하지만, 어른들도 좋아한다. 시원한 나무그늘 아래에서 바람을 온몸으로 느끼며 누워 있는 기분은 참 좋다. 나무에 묶어둔 줄을 혼자 당겨 좌우로 움직이면 엄마 품 안에 누운 듯 잠이 절로 쏟아진다. 아이들이 해먹을 이용할 때는 바닥에 발포매트 같은 것을 설치해두는 것이 안전하다.

아이들이 좋아하는 해먹

캠핑장에서 보는 영화는 색다른 맛이다

2 : 자연에서 보는 영화, 빔프로젝트

미디어가 보편화되면서 야영장에서도 빔 프로젝트가 보편화되었다. 사무 용도로 사용되던 빔 프로젝트의 크기를 줄이고 간편화시켜 야영장에서 편리하게 사용된다. 최근에는 스마트폰과 블루투스로 연결하여 콘텐츠를 활용하는 제품도 판매되고 있다.

기타 용품 및 캠핑 용어

1 : 팩

팩(Peg)은 알루미늄, 플라스틱 등으로 만든 텐트 및 타프 고정용 큰 못이다. 동계캠핑에서 못을 사용하기도 한다. 팩의 재질 및 제조법에 따라 다양한 제품이 판매된다. 텐트를 구매할 때 포함된 팩을 사용해도 되지만, 단조 팩을 별도 구매하는 것이 좋다. 텐트용은 길이 20cm 정도면 되고, 타프를 고정할 때에는 30~40cm 길이의 팩을 사용한다.

강한 내구성을 가진 단조 팩

2 : 팩다운

팩다운이란, 팩을 지면에 박는 것을 말한다. 팩다운 개소가 작은 텐트가 설치하는 데 좋다. 텐트의 경우, 8~12개 정도의 팩다운이 필요하다. 조금 귀찮더라도 갑작스러운 강풍의 피해를 예방하기 위해 팩다운은 가급적 제조사에서 요구하는 곳에 모두 하는 것이 좋다.

팩다운 모습

3 : 스톰가드와 스트링

스톰가드(Storm Guard) 혹은 스트링(String)이란, 텐트를 고정하는 줄을 말한다. 팩다운과 동시에 스트링을 모두 고정하는 것이 안전하다. 스트링을 설치하지 않는 경우가 많다. 팩다운도 귀찮은데 스트링까지 고정하는 것은 힘들긴 하다. 강풍에 의한 피해를 보는 것보다는 안전한 것이 좋다.

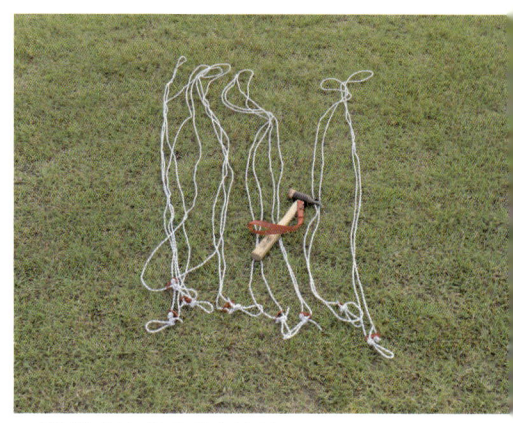

스트링은 사소하지만, 매우 중요한 아이템이다

4 : 내수압

캠핑은 아웃도어, 즉 야외에서 활동하는 취미생활이다. 따라서 다양한 기후 속에서 생활할 수밖에 없다. 내수압은 비가 올 때에 필요한 텐트의 방수 성능을 표시하는 기준이다. 국내에 통상적으로 사용되는 내수압 기준은 1500, 2000, 3000 정도다.

- 내수압 1500: 가로세로 1mm의 천 위에 1500mm(1.5m)의 물기둥을 세워서 견디는 기준
- 내수압 3000: 가로세로 1mm의 천 위에 3000mm(3.0m)의 물기둥을 세워서 견디는 기준

국내 기준으로 가랑비의 기준이 약 500mm, 보통비가 1,000mm, 폭우가 1,500mm 정도로 표기된다고 한다. 내수압 3,000mm 정도의 방수 성능을 가진 텐트라면 국내에서도 안전하다. 대부분의 누수 현상은 천 자체보다 박음질 부분에서 발생한다. 텐트의 내수압은 최소 기준으로 하되, 박음질 부분의 품질을 잘 살펴본 후에 구매하는 것이 좋다.

캠핑용품은 기본적인 방수 성능을 가져야 한다

한눈에 알아보는 오토캠핑용 장비 리스트

거주용 장비

- 옵션 1: 있으면 편리하고 좋지만, 필수는 아님.
- 옵션 2: 없어도 캠핑은 가능하지만, 자주 사용되는 것은 아님.

구분	제품	필수	옵션1	옵션2	구분	제품	필수	옵션1	옵션2
텐트류	돔텐트	○			조명 장비	헤드랜턴	○		
	거실텐트-동계캠핑 시	○				랜턴걸이(폴대 거치형)	○		
	타프	○				가스 및 휘발유랜턴	○		
	팩	○				건전지(LED)랜턴		○	
	팩 망치	○				삼파장랜턴(전기 사용)		○	
	그라운드시트(방수포)	○				랜턴스탠드(삼각대형)		○	
	타프 스크린		○			예비 맨틀		○	
	스트레치코드		○			파일드라이버			○
	카라비너		○			손전등			○
	텐트 창문(우레탄)			○	가구류	테이블	○		
	사이드 월			○		BBQ체어	○		
	프론트 월			○		미니 테이블		○	
취침 장비	발포매트 또는 자충식매트	○				보조용 사이드 테이블		○	
	전기장판-동계캠핑 시	○				캡틴체어		○	
	하계 침낭	○				릴렉스체어		○	
	동계 침낭-동계캠핑 시	○				키친테이블		○	
	자충식 또는 스펀지 베개	○				IGT		○	
	이너시트		○			폴더블 셸프		○	
	에어매트(에어박스)		○			쿨러 받침대		○	
	야전침대		○						
	담요		○						

취사 및 화로 대용 장비

구분	제품	필수	옵션1	옵션2	구분	제품	필수	옵션1	옵션2
조리 도구	투버너(가스, 석유)	○				식기, 접시, 물컵 세트	○		
	원버너(가스, 석유)		○			수저 세트	○		
	코펠(프라이팬 포함)	○				칼, 도마	○		

구분	제품	필수	옵션1	옵션2
조리 도구	조리 도구(국자, 뒤집개 등)	○		
	가위, 집게	○		
	양념통 세트	○		
	설거지 도구	○		
	설거지 가방	○		
	식기 건조망	○		
	아이스쿨러	○		
	물통		○	
	주전자		○	
	라이스 쿠커		○	
	쓰레기봉투 걸이		○	
	디쉬랙(식기 건조대)		○	
	종이컵(비상용)		○	
	앞치마		○	
	비닐장갑, 위생봉투		○	
	시에라 컵		○	
	계란 케이스		○	
	원버너 오덕			○

구분	제품	필수	옵션1	옵션2
	바람막이(버너용)		○	
	멀티 사각팬(조이클래드)		○	
	더치오븐	○		
	토스터기(멀티 로스터)	○		
	커피 드립퍼	○		
화로대 바비큐	화로대	○		
	집게(화로용)	○		
	차콜스타터	○		
	가스토치		○	
	화로대 그릴		○	
	바비큐 그릴		○	
	이로리테이블		○	
	꼬치		○	
	온도계		○	
	비어 캔 스탠드			○
	바비큐, 화로대 장갑			○
	접이식 그릴			○
	삼각대			○

소품

구분	제품	필수	옵션1	옵션2
수납 제품	공구 가방	○		
	다용도 수납 가방 (대, 중, 소)	○		
	루프박스	○		
안전용품	루프백			○
	모기향, 스프레이	○		
	상비약, 구급함	○		
	썬크림	○		
공구류	멀티 툴 – 맥가이버 칼	○		
	멀티탭		○	
	릴선		○	
	로프			○

구분	제품	필수	옵션1	옵션2
	에어펌프		○	
	야전삽		○	
	도끼, 톱		○	
기타	해먹		○	
	라디오, 스피커		○	
	해먹스탠드			○
	휴대용 변기			○
	샤워백			○
	팝업 샤워텐트			○
	휴대용 정수기			○
	화목난로			○

CAMPING 4

캠핑 장비 선택 기준

캠핑의 종류에는 혼자 가는 솔로캠핑, 친구들과 함께하는 그룹캠핑, 등짐을 지고 가는 백패킹, 자전거를 타고 목적지를 찾아가서 캠핑하는 바이크캠핑 등이 있다. 이런 다양한 캠핑 형식을 '스타일'이라 정의할 수 있다. 다양한 스타일에 맞는 캠핑을 즐기기 위해 준비해야 할 야영 장비 선택 기준에 대해 알아보자.

장비 선택의 기본 요소

1 : 사용 인원 - 가족 수

야영 장비를 선택하는 데 있어 가장 기본적으로 생각해야 할 것은 '가족이 몇 명인가?'이다. 3인 가족이 5인용 텐트를 사용할 수도 있지만, 무게나 부피 그리고 가격적인 측면에서 본다면 낭비라고 할 수 있다. 장비 선택을 할 때에는 우선 나의 가족만을 위한 캠핑인지 아니면 가족 외에 추가로 함께하는 사람이 몇 명인지를 생각해야 한다.

장비는 인원수에 따라 달라진다

인원수에 따라 달라지는 장비 목록	인원수에 영향을 받지 않지만 고려 대상인 장비 목록
텐트	타프
매트	아이스박스
침낭	테이블
야전침대	
의자	
코펠	
수저	

2인용 텐트는 1인이 사용하기에 적당하다.

2 : 언제 갈 것인가?

캠핑 시기도 장비 구성에 있어 중요한 변수 중 하나다. 캠핑을 시작하는 시기는 여름인 경우가 많다. 추위 걱정 없이 캠핑을 할 수 있는 시기는 6월 하순~9월 초순 정도이고, 그 밖의 기간에는 난방 장비를 보강해야 캠핑이 가능하다.

캠핑 시기에 따라 필요한 장비가 다르기 때문에 여름철에만 캠핑을 할 것인지, 봄·가을 및 한겨울에도 할 것인지를 깊게 고민해야 한다. 한여름에 캠핑을 하는 경우에도 산속일 경우, 기온이 많이 내려가므로 보온에 신경을 써야 한다. 한여름이 아닌 봄과 가을에 캠핑을 즐기기 위해서는 내한온도가 좀 더 강화된 침낭이 필요하며, 바닥 난방을 위해 전기장판 등이 필요하다. 간절기 새벽에는 기온이 많이 내려가므로, 가스난로와 같은 보조 난방 기구가 필요하다.

봄, 가을에 준비하면 좋은 장비

작은 열량의 가스난로(리틀썬)

전기장판

여름에 필요한 필수 장비

타프

우의(사이트 구성 시 필수)

사이드 월(타프에 연결하여 비를 피하게 해준다.)

타프용 버그텐트(벌레가 들어오는 것을 막아주는 그물망텐트)

겨울 캠핑에 필요한 필수 장비

석유 및 가스난로, 전기요, 거실텐트, 핫팩

야영하기 좋은 6월의 캠핑장

3 : 한 달에 몇 번을 해야 할까?

캠핑을 한 달에 아니 1년에 몇 번 갈 것인가? 뜬금 없다고 생각하겠지만, 이 역시 야영 장비를 준비하는 데 있어서 중요한 요소다. 캠핑을 아주 좋아해서 매 주말 캠핑을 즐긴다면, 장비는 고가라고 하더라도 품질과 성능이 보장된 것이어야만 한다. 또 설치와 해체가 간편해서 좀 더 쉽게 사이트를 구성할 수 있는 장비 위주로 선택해야 한다.

캠핑을 경험하기 좋은 임대형 캐러반

설치와 해체가 쉬운 장비
- **루프탑텐트** : 루프탑텐트는 설치와 해체가 간편해서 캠핑을 자주 가는 사람들에게 적합하다.
- **카라반** : 비용 부담이 적은 소형 카라반도 매주 캠핑을 가는 사람들에게 좋은 장비다.

4 : 이왕이면 다홍치마?

오토캠핑이 보편화된 이후, 캠핑을 즐기는 사람들 사이에서 백패킹이 유행처럼 번지고 있다. 배낭에 혼자 사용할 야영 장비를 수납하여 트레킹을 즐기면서 하는 백패킹은 오토캠핑에 비해 부피가 작고 가벼운 장비가 필요하다. 만약, 오토캠핑과 백패킹을 겸한다면 두 스타일 중에서 사용 가능한 장비를 선택하는 것이 비용을 줄이는 방법이다.

야영 장비를 구매하기 전에 백패킹에 대한 정보를 좀 더 검색하거나 살펴봐야 한다. 어떤 장비를 추천하고 있는지, 필드에서 실제로 잘 활용되는지를 살펴서 모든 장비가 범용성을 지니도록 해야 한다. 이 책에 포함된 각 장비별 선택 요령을 살펴보는 것도 한 가지 방법이다.

범용성이 좋은 힐레베르그 터널형 텐트

🏕️ 범용성 측면에서 고려해야 하는 장비들

❶ **텐트** : 돔텐트는 기본적으로 오토캠핑과 백패킹에 사용할 수 있다. 범용성이 높은 제품을 선택하려면 무게를 고려해야 한다. 수납 총 무게가 3kg을 넘는 텐트는 백패킹에 부적합하다. 여러 명이 함께 캠핑을 갈 경우에는 폴과 플라이를 나누어 수납하면 큰 문제가 없다. 인원수가 3명 이하라면 백패킹용 전용 텐트를 구매하는 것도 좋은 방법이다.

❷ **타프** : 오토캠핑에서 사용하는 헥사타프, 렉타타프는 부피가 크고 폴의 무게가 무거워 백패킹에서는 사용하기가 어렵다. 백패킹용으로 사용되는 실타프는 스킨만 구입하고 오토캠핑용 타프 폴을 사용하면 공용으로 사용할 수 있다.

❸ **에어매트** : 에어매트는 범용성이 가장 높은 제품이다. 가격은 비싼 편이지만 R 밸류 5.0 이상, 두께 7cm 이상의 에어매트를 구매하면 백패킹과 오토캠핑에 모두 사용할 수 있다. 자충식매트는 백패킹에서 사용하기가 어렵다.

❹ **침낭** : 침낭은 오토캠핑용과 백패킹용으로 나눌 수 있다. 가격은 비싼 편이지만 백팩용 구스다운 침낭을 선택하면 봄, 가을, 겨울에 활용할 수 있으므로 고려해볼 만하다.

❺ **버너** : 화력을 조절하기가 쉽고 열량이 높은 오토캠핑용 가스버너도 좋지만, 백패킹에 사용하는 소형 가스버너도 고려해볼 만하다.

❻ **수저** : 티타늄으로 만든 가벼운 재질의 수저를 고르면 백패킹과 오토캠핑에서 활용할 수 있다.

❼ **테이블** : 1~2인용 테이블은 백패킹과 오토캠핑에 사용할 수 있다. 접이식으로 구성된 가벼운 테이블의 종류는 많다. 이 중에서 선택하여 고르면 중복 구입을 방지할 수 있다.

5 : 왜 하는가?

장비를 선택할 때에는 목적이 필요하다. 단순히 남들을 따라한다면 구매와 되팔기를 반복할 수밖에 없다. 검증되지 않은 장비들을 급하게 구매하기 때문이다. 요즘은 인터넷과 신문에서도 캠핑에 대한 정보를 많이 접할 수 있기 때문에 꼼꼼히 살펴보는 것이 좋다. 오토캠핑을 처음 접하면 캠핑 그 자체가 목적이 되는 경우가 많다. 캠핑을 시작한 지 몇 년이 지나기 시작하면 각자의 방향이 생기고 스타일이 정착된다.

캠핑을 하는 목적은 대개 다음과 같다.

- 가족과 즐거운 시간을 보내기 위해
- 연인과 함께하는 즐거운 여행 중 캠핑
- 등산을 목적으로 하는 일종의 베이스캠프
- 자전거를 타고 여행하면서 숙박을 대신
- 카약을 즐기고 중간 기착지에서 캠핑

가족과 함께하는 즐거운 시간

자연휴양림에서 등산을 즐기는 캠퍼들

카누를 즐기는 캠퍼들

이런 다양한 목적에 따라 장비는 달라질 수밖에 없다. 가족과의 캠핑을 위해서는 부피가 좀 나가더라도 안정성이 확보되는 장비가 필요하다. 등산이나 자전거, 카약 등을 즐기기 위해서는 최소한의 장비와 가볍고 기능이 다양한 장비들이 필요하다. 목적을 정하고 장비를 구매하면 장비를 선택할 때의 실수를 줄이고, 비용을 절약할 수 있다.

6 : 주머니를 생각해

비용은 가장 중요한 검토 항목이다. 장비 구입에는 많은 비용이 필요하다. 앞에서 설명한 바와 같이 오토캠핑을 하기 위해서는 최소한으로 준비해야 하는 장비들이 있다. 텐트와 침낭, 취사도구 등이다. 텐트의 가격은 10만 원 대에서 200여 만 원까지 다양한 가격대를 형성하고 있는데, 자신의 경제적인 여유를 생각하여 구매해야 한다. 디자인이 우수하고 좋은 성능을 가진 텐트를 고르자면 끝이 없다. 여러 가지 자연환경에 적응해야 할 뿐만 아니라 야영지에 따라, 계절에 따라 다양한 텐트가 필요하기 때문이다. 비싼 텐트가 꼭 좋은 텐트라는 것은 아니지만, 가격이 적당하고 자신의 경제적 상황에 맞는 장비를 골라야 한다. 일반적인 4인 가족이 비교적 가볍게 시도할 수 있는 여름철 캠핑을 하겠다면 텐트, 타프, 매트, 침낭(가벼운 담요나 이불로 대체 가능), 취사도구가 필수다. 이 경우 최소한 100~150만 원 정도가 필요하다. 이때 매우 비싼 브랜드 제품이 아니라는 것이 전제되어야 한다. 홈쇼핑에서 요즘 많이 판매하는 패키지 상품 정도가 적당하다.

아웃도어 시장이 확대되면서 등산 장비 전시회에 캠핑과 관련한 장비를 전시하는 경우가 늘고 있다. 아웃도어 전시회를 찾아보자. 인터넷이나 책으로 보았던 장비를 실제로 확인할 수 있다. 기본 장비만 갖출 경우에 들어가는 비용이 150만 원 정도이므로 럭셔리하게 테이블과 의자, 키친테이블, 화로대 등 부수적인 장비를 갖춰 나간다면 200만 원은 쉽게 초과한다.

캠핑 전시회에서 정보를 얻을 수 있다

간단한 장비로 구성된 사이트

캠핑 매장

캠핑을 처음 시작하는 사람들이 문의를 하는 경우가 있다. 초기에는 조심스럽게 저렴한 필수 장비 위주로 설명하지만, 시간이 지나면서 그런 대답은 틀에 박힌 이야기가 되어버렸다. 요즘은 아예 다음과 같이 답변한다.

다양한 캠핑용품

Q: 구매 가능한 예산이 얼마 정도인가요?
A: ○○○만 원입니다.
Q: 그럼 ○○○ 장비를 구매할 수 있겠네요.

솔직하게 대답해야 최적화된 장비를 제안해줄 수 있다.
이제 정리를 해보자. 우선 나의 구매 예산을 확정하자. 최소한의 장비 리스트를 정리하여 예산에 맞게 정리하면 된다. 구매 예산을 초과할 경우, 어느 것이 더 필요한지를 결정해야 한다. 주변에 캠핑을 해본 지인이 있다면 실제 그 용품이 필요한지 확인하는 것이 좋다.

캠핑은 많은 비용이 들어가는 취미다

멋진 스노우캠핑

계절별 야영 장비

1 : 봄, 가을

봄과 가을의 아침과 저녁에는 기온이 내려가고, 낮에는 덥거나 활동하기 좋은 계절이다. 도시에서 느끼는 기온의 변화는 자연에 가까이 갈수록 더 실감하게 된다. 기온의 변화가 크다. 실제로 텐트를 설치하기 위해 움직일 때는 땀이 날 정도이지만, 밤이 되면 영하에 가깝게 기온이 떨어지는 경우가 흔하다. 환절기에는 기온 변화를 고려하여 야영 장비를 준비해야 한다. 어린아이가 있는 경우에는 더욱 철저하게 준비해야 한다.

가을날의 캠핑

🔺 보조 난방 장비 - 리틀썬

코베아 제품 중 '리틀썬'이라는 작은 가스난로가 있다. 220g의 부탄가스를 사용하는 장비인데, 사용 시간이 2시간 정도된다. 한겨울 거실텐트를 덥혀주는 데에는 턱없이 부족한 열량이다. 그러나 봄과 가을이라면 다르다. 아침과 밤 시간에 잠시 이것을 틀어놓으면 공기가 훈훈해진다. 부피도 작으므로 고려해볼 만하다. 이와 비슷한 장비로는 신일에서 나오는 가스히터를 들 수 있다.

봄과 가을에 좋은 리틀썬

🔺 바닥을 따뜻하게! 전기요

전기요는 4계절 편리하게 이용할 수 있다. 코끝이 서늘한 초봄과 초겨울에 침낭 안에서 따뜻하게 누워있는 재미가 쏠쏠하다.

🔺 주머니에 쏙! 핫팩

붙이는 파스형 제품과 작은 봉지형으로 판매되는 핫팩(Hot Pack)은 겨울에도 필수이기는 하지만 봄, 가을 환절기에 특히 유용하다. 난방 장치를 이용하지 못하는 오지캠핑에서 침낭 내부에 넣거나 매트에 파스형 핫팩을 몇 장 붙이면 편하고 좋다. 12시간 정도 지속되므로, 잠자기 전에 이용해보자.

붙이는 파스형 핫팩   주머니형 핫팩

여름에 꼭 필요한 타프

2 : 여름

타프

국내 기후가 점점 아열대성 기후로 변하고 있다. 이에 따라 7, 8월에는 비가 내리는 날이 많아지고 있다. 습도가 높아지는 여름철에는 몇 가지 필수적인 야영 장비가 필요하다. 그 대표적인 것이 '타프'이다.

타프는 평소에도 필요한 장비지만, 특히 여름철에는 필수다. 타프와 텐트의 조합이 여름철 기본 형식이다. 텐트는 잠을 자는 공간을 제공하고, 타프는 음식을 조리하거나 식사를 하며 이야기를 나눌 수 있는 공간을 제공한다.

서큘레이터

겨울철 거실텐트 내부 상하부 온도 차이를 최소화시켜주는 서큘레이트는 여름철에 활용하면 좋다. 선풍기보다는 부피가 작고 바람이 멀리, 일직선으로 전달되므로 유용하다.

쿨러

위생상 여름철 음식을 저장하기 위해 반드시 필요하다. 여름철에는 45L 정도의 대형 하드 타입 쿨러를 준비하자.

여름과 겨울 모두 사용되는 서큘레이터

 제빙기

야영장에서 전기를 사용할 수 있게 되면서 제빙기가 새로운 여름철 캠핑 장비로 떠오르고 있다. 야영장에서 간편하게 사용할 수 있도록 비교적 작은 부피로 제작된 제빙기는 아이들과 함께하는 오토캠핑에서 다양한 용도로 이용할 수 있다. 시원한 국수 요리나 냉채에도 사용되고 아이스커피를 만들어 손님에게 접대할 때에도 사용된다.

3 : 겨울

겨울철에 캠핑을 한다고 하면 놀라는 사람들이 많다. 많은 사람들이 "추운 겨울날 어떻게 캠핑을 하지?"라는 의문을 가지고 있다. 나도 처음에는 이와 똑같은 의문을 가졌다. 2008년 처음 오토캠핑을 시작할 때에는 겨울 캠핑을 전혀 생각하지 않았다. 그러나 동호인 카페에서 공동 구매한 석유난로와 전기장판을 이용해서 멋진 겨울 캠핑의 재미를 느낀 후에는 생각이 달라졌다. 동계캠핑의 필수품은 난방을 위한 장비다. 시중에는 석유난로, 팬히터 등 다양한 난방 장치가 판매되고 있다.

따뜻함을 부탁해, 난방 장치

석유난로, 팬히터, 가스난로 중에서 본인의 용도나 사용 형태에 따라 선택하자. 아이들이 있다면 팬히터가 좋다. 가스난로는 효율이 좋기는 하지만, 텐트 내부에서 사용하기에는 너무 위험하다. 전기요 역시 필수다. 앞에서도 계속 언급했지만, 전기요는 4계절용이다.

파세코 팬히터

한 겨울의 낭만, 화로대

4계절에 사용되기는 하지만, 아무래도 겨울 캠핑의 묘미는 화로대다. 화로대 주변에 옹기종기 모여 불을 쬐며 고구마를 구워먹는 재미는 경험해보지 못한 사람은 알 수 없다. 부피가 큰 대형 화로와 소형 화로 중에서 자신의 캠핑 스타일에 맞게 선택하자.

다양한 용도의 화로대

미니 화로대

공간이 필요해! 거실텐트

리빙쉘로 대표되는 거실텐트는 동계캠핑에 꼭 필요한 장비다. 손으로 꼽기 어려울 정도로 다양한 대형 거실텐트 중에서 가족 수와 캠핑 스타일에 맞게 선택하자. 좌식모드를 즐긴다면 TP텐트를, 입식모드를 즐긴다면 투룸 형식의 거실텐트를 선택하자.

겨울에 필수인 거실텐트

 **동계캠핑에서 거실텐트가 필수인 이유**

- **난방 공간이 필요하다**: 리빙 공간에 가스난로 혹은 석유난로를 배치하여 난방을 해야 한다. 난방과 취침을 동시에 하는 것은 어렵다.
- **이너텐트가 필요하다**: 난방을 하면 일산화탄소 및 이산화탄소가 발생하여 산소 농도를 급격하게 떨어뜨린다. 따라서 환기는 필수다. 춥더라도 환기구를 확보해야 한다. 내부 온도가 조금 떨어지더라도 이너텐트를 설치하여 잠을 자는 데 불편함이 없도록 해야 한다.
- **외부에서 활동하기 어렵다**: 눈이 오고 외부 기온이 영하 10도 내외를 기록하면, 외부에서 생활하기가 어렵다. 동계캠핑에 마니아층이 두터운 이유는 바로 이 때문이다. 가족이나 지인과 거실텐트 내부에서 이런저런 이야기로 시간을 보내는 재미가 쏠쏠하다.

장소별 야영 장비

1 : 평지

오토캠핑이 주로 이루어지는 평지 사이트에는 넓은 거실텐트와 렉타타프 혹은 헥사타프가 사용된다. 여름철에는 타프와 돔형텐트를 주로 사용한다. 평지 사이트에서는 다양한 사이트를 구성할 수 있으므로 테이블과 키친테이블, 의자 등을 모두 사용할 수 있다.

구성하기 좋은 평지 사이트

거실텐트는 평지에 설치해야 한다

2 : 산과 계곡

자연휴양림으로 대표되는 산지 및 계곡 사이트에서는 대형 거실텐트나 타프를 사용하기가 어렵다. 이런 경우에 대비하여 돔형텐트가 필수다. 온 가족이 아닌 솔로캠핑을 고려하여 작은 알파인텐트를 준비하는 것이 좋다. 산길을 올라가 사이트를 구성해야 하는 상황에서는 백패킹용 장비들이 요긴하다. 이때에는 70~90L급 배낭이나 캐리백에 장비를 담아 이동하는 것이 좋다.

자충식 에어매트, 소형 가스(석유) 버너, 1~2인용 코펠

산과 계곡에서는 알파인모드가 좋다

자연휴양림에서는 간단모드가 좋다

3 : 바닷가 캠핑

바닷가 캠핑은 색다른 낭만을 주는 캠핑 형태다. 파도소리를 들으며 눈을 뜨는 느낌이 남다르다. 바닷가 캠핑에는 좌식모드가 유리하다. 미세한 모래가 바람이나 사람의 이동에 따라 텐트 안으로 날려 들어오게 되는데, 이를 처리하기가 힘들기 때문이다.

바닷가 캠핑에서 중요한 것은 팩의 고정이다

바닷가 송림은 캠핑하기에 적당하다

바닷가 캠핑에서는 입식모드로 야전침대를 이용하는 것이 편리하며, 거실텐트일 경우 내부의 이너텐트를 제거하면 공간을 넓게 활용할 수 있다. 모래사장에 텐트를 설치할 경우에는 팩을 고정하기가 쉽지 않아 어려움을 겪을 수 있는데, 이때에는 샌드팩을 이용하는 것이 좋다. 모래사장용인 샌드팩은 넓은 면에 구멍이 뚫려 있어서 힘을 지탱할 수 있는데, 바닷가 캠핑을 자주 할 계획이라면 필히 구매해두는 것이 좋다. 미리 준비하지 못했다면 비닐봉지를 이용할 수도 있다.

① 10~20L 정도의 비닐봉지를 팩다운 수량만큼 준비한다.
② 모래를 비닐봉지에 담은 후에 묶는다.
③ 팩다운 위치의 모래를 파서 모래가 담긴 비닐봉지를 묻는다.
④ 스트링과 모래봉지를 연결한다.
⑤ 모래가 담긴 비닐봉지 위에 모래를 덮어 고정한다.

이 방법을 이용하면 모래사장에서 팩다운을 대신할 수 있다.

바닷가 모래사장에서는 팩을 고정하기가 어렵다

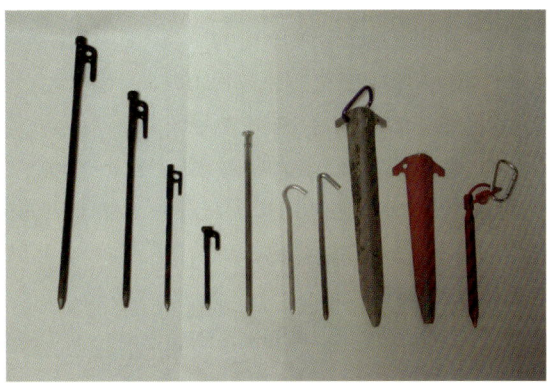

다양한 종류의 팩

캠핑 중 비가 내리고 바람이 강하게 부는 경우에는 타프 폴을 평소보다 낮게 설치해야 한다. 이렇게 하면 거실 텐트가 없어도 돔텐트 앞에서 비교적 안락하게 캠핑을 즐길 수 있다.
우중캠핑은 생각보다 낭만적이다. 타프와 텐트를 때리는 빗소리가 무척 정겹게 들린다. 동계캠핑이 좋다고들 하지만 나는 우중캠핑이 더 좋다. 마음이 숙연해지고 많은 생각을 할 수 있기 때문이다.

비바람이 강하게 올 때의 헥사타프 구성

 우중 캠핑과 우중 철수

캠핑이 모두 좋은 것은 아니다. 나는 비가 내리는 상황에서 철수하는 일을 제일 싫어한다. 이와 반대로 가장 좋아하는 일은 캠핑장에 도착한 후 모든 설치를 완료했을 때 비가 내리기 시작하고, 집에 돌아가는 날 아침에 날씨가 활짝 개어 장비가 깨끗하게 세탁되는 것이다.

세상의 모든 일이 내가 원하는 대로 되지 않는 법이다. 비가 내리는 상황에서도 철수를 해야 하는 경우가 발생한다. 우중 철수의 방법을 알아보자.

① 비가 내리는 날, 기상과 동시에 침구를 정리한다. 이때에는 한꺼번에 하는 것보다 조금씩 정리하는 것이 좋다.
② 아침식사는 설거지가 필요 없는 간편식을 준비한다.
③ 식사와 동시에 가구와 소품을 정리하여 타프 아래에 공간을 만들어 놓는다.
④ 돔텐트를 타프 아래로 옮겨서 철수한다. 이때 플라이의 물기를 최대한 제거한다.
⑤ 차량의 후미를 타프 아래로 집어넣는다.
⑥ 트렁크를 열고 장비를 수납한다.
⑦ 모든 장비가 수납되면 가족을 차에 탑승하게 한다.
⑧ 최종적으로 타프를 철수하고 큰 비닐 주머니에 집어넣는다.
⑨ 집에 도착한 후에는 지하주차장 같은 넓은 곳에서 타프와 텐트의 플라이를 말린다.

우천 시에 좋은 렉타타프

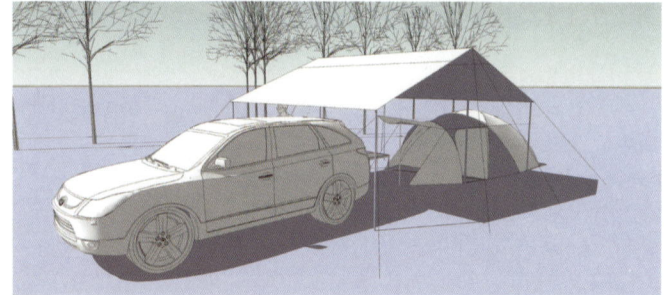
SUV의 후미를 타프 밑에 집어 넣는 것이 요령이다

 ## Q/A로 풀어보는 실전 캠핑 준비

Q 안녕하세요? 저는 50대 가장입니다. 아이들이 대학에 입학하니 우리 부부만 집에 있는 상황이 되었습니다. 주말에 딱히 할 일이 없어서 함께 캠핑이나 하자고 이야기했습니다. 겨울에는 캠핑을 할 용기가 없습니다. 봄부터 가을까지 자연휴양림이나 국립공원야영장 같은 곳에서 우리 부부만 캠핑을 즐기고 싶습니다. 큰 거실텐트 같은 것은 원하지 않습니다. 텐트에 약간의 전실이 있으면 하구요. 작은 의자와 테이블도 있으면 좋겠습니다. 이런 경우에 어떤 장비를 준비하면 좋을지요?

노스이글 프론트라운지 돔텐트

A 부부 캠핑이군요. 정겹게 캠핑하는 두 분의 모습이 상상이 됩니다. 간단히 캠핑을 가는 경우에는 전실 공간이 확보된 텐트가 좋을 듯합니다. 일반적인 텐트에는 약간의 전실 공간이 있습니다. 그러나 전실에서 두 사람이 식사와 담소를 나누길 원할 때는 일반적인 텐트보다 전실 공간이 좀 더 강조된 텐트가 좋을 듯합니다. 완전 좌식모드일 경우에는 힐레베르그의 날로 3GT가 좋습니다. 작은 테이블과 낮은 의자를 넣을 정도를 원하면 노스이글의 프론트라운지 텐트가 적당할 듯합니다. 텐트는 가급적 3~4인용이 좋습니다. 나중에 아이들과 함께할 상황이 발생하면 난감해질 수 있기 때문입니다. 그리고 텐트에 기본적으로 제공되는 이너매트나 저렴한 발포매트를 함께 구입하는 것이 좋습니다. 바닥은 편안한 취침에 절대적인 요소이므로 발포매트와 더불어 자충식에어매트를 2겹으로 설치하는 것이 좋습니다. 그런 다음 침낭을 준비하면 됩니다. 나머지 사항은 다음과 같습니다.

- 접이식 테이블: 높이 400mm 정도, 오빌 철제 테이블도 좋습니다.
- 폴딩체어
- 버너, 코펠, 식기, 기타 주방도구류
- 화로대
- 랜턴류
- 랜턴스탠드 혹은 파일드라이브: 야외에서 랜턴을 걸어둘 때 유용하다.
- 전기요: 여름철을 제외하고는 필요하다(전기 릴선: 30m 내외 정도).

오빌 폴딩테이블

폴딩체어

CAMPING 5

나의 첫 캠핑을 준비하자

당신의 첫 캠핑을 위한 조언이다. 누구와 가는지? 언제 갈 것인지? 캠핑장에서 무엇을 해야 할지 고민해보자. 이런 고민에 대한 조언을 풀어낸다. 계절별 추천하는 캠핑장도 알아보자. 첫 캠핑에 좋은 전국 각지 캠핑장을 추천해본다.

장소 선택의 기준

즐거운 마음으로 캠핑에 필요한 장비를 준비했다면, 이제 떠나자. 처음 떠나는 캠핑은 그리 쉽지 않다. 어디로 가야 할지, 어떻게 가야 할지 막막하다. 주변에 캠핑을 해본 지인이 있다면 조금 편하다. 선배(?)의 지시에 따라 준비하고 따라가면 되기 때문이다. 그런 경우를 제외하고 오로지 혼자서 준비를 해야 한다면 어떤 기준으로 장소를 골라야 할까? 그 기준에 대해 알아보자.

살아 있는 자연을 느끼는 오지캠핑

1 : 누구와 가는가?

가장 먼저 생각해야 하는 것은 함께하는 사람이 누구인지다. 아무리 악조건의 오지라도 혼자서 간다면 어떻게든 해결되겠지만, 어린아이 혹은 아내를 비롯한 타인과 함께한다면 모든 준비를 했다고 하더라도 장소의 선택이 중요한 요소이기 때문이다. 주변에 아이들에게 위험한 요소가 있는지도 살펴야 한다. 비상 상황에서 도움이 될 병원이 인접해 있는지도 체크 포인트다.

아이와의 캠핑은 주의가 필요하다

커뮤니티에서 크리스마스캠핑을 한 적이 있다. 장소는 연천의 모 야영장이다. 잠시 한눈을 판 사이에 3살배기 아들이 침실의 옷장에 손을 다쳤다. 피가 많이 나고 응급수술이 필요한 상황이었다. 그곳에서 가장 가까운 응급실은 일산에 있었는데, 편도로 걸린 시간이 거의 한 시간이었다. 야영장이 대부분 자연과 가까운 오지에 있는 경우가 많은데, 이런 상황이 발생할 수 있다는 것을 생각한다면 어린아이들과 함께하는 경우에는 비상상황을 염두에 두어야 한다.

아이는 캠핑장에서 자란다

무더운 여름에는 계곡이 있는 자연휴양림을 선호한다. 모든 자연휴양림이 다 좋을까? 아니다. 자연휴양림은 대부분 산지에 위치하고 있기 때문에 야영지에 따라서는 경사가 심한 경우도 있다. 경북에 있는 칠보산 자연휴양림의 경우 경사지에 야영지를 두고 있는데, 어떤 곳은 데크에서 지면까지 1.5m 이상인 경우도 있다. 아이가 데크에서 놀다가 땅으로 떨어지면 큰 부상을 입을 수 있다. 아이들이 물놀이를 한다면, 반드시 주변을 살펴보아야 한다.

경사가 급한 자연휴양림은 위험하다

안전은 중요한 요소다. 캠핑장에서 아이들과 어른이 따로 노는 경우가 있는데, 이는 큰 위험을 초래하기도 한다. 캠핑 야영지에서는 아이들을 잘 살필 수 있는 곳이 드물기 때문이다. 여름철에는 숲이 우거져 있기 때문에 시야가 제한적이다. 어린아이를 데리고 가는 캠핑에서는 첫째도 안전, 둘째도 안전, 셋째도 안전이다. 사전에 야영장의 홈페이지를 방문하여 사이트의 경사는 어떤지, 주변에 차량의 통행은 어떤지, 계곡이나 수영장이 어떤 위치에 있는지 등을 점검해보자.

사전에 캠핑장 정보를 검색해야 한다

온 가족이 캠핑을 가는 경우, 내가 가장 먼저 챙기는 것은 화장실이다. 요즘 대부분의 야영장은 화장실이 잘 정비되어 있는데, 처음 캠핑을 시작한 시기만 하더라도 그렇지 못했다. 일부 야영장 화장실도 그리 좋은 환경은 아니다. 재래식 화장실까지 있는 경우도 보았다.

화장실의 환경도 중요하지만, 특히 화장실이 캠핑하는 장소에서 얼마나 가까운지도 중요한 요소다. 겨울밤에 화장실을 가야 하는 경우에는 심각한 문제가 아닐 수 없다. 아내가 함께하는 캠핑이라면 화장실에서 가까운 자리를 예약하는 것이 우선이다. 겨울철에는 포터블 변기도 준비해야 한다. 아내가 고통스럽지 않기 때문이다.

재래식 화장실이 있는 캠핑장도 있다

2 : 언제 캠핑을 가는가?

여름철과 겨울철의 야영 장소는 다르다. 여름에 좋은 곳이 겨울에도 좋을 수는 없기 때문이다. 여름철에 좋은 야영장은 아이들 혹은 어른들이 시원하게 놀 수 있는 계곡이나 수영을 할 수 있는 장소, 시원한 숲이 있는 곳이다. 나무그늘 하나 없는 공터에서 내리쬐는 햇볕에 조금이라도 있어 본다면 캠핑을 하겠다는 생각이 없어진다.

해가 지는 밤에는 이야기가 달라진다. 동계캠핑에서는 햇볕이 잘 들어오는 곳을 선택해야 한다. 겨울철에는 텐트 내부가 따뜻하기 때문에 환기를 잘 하더라도 텐트 벽에 결로가 생길 수밖에 없다. 난로의 열로 인해 상부는 건조하지만, 높이 1m 이하의 하부는 결로수가 얼어서 얼음이 생긴다. 철수를 할 때에는 텐트에 묻은 결로수를 제거해야 한다.
여름이 아니기 때문에 수분에 의해 곰팡이가 생기는 경우는 없겠지만, 아무래도 좋지 못하다. 철수하는 시점에 해가 잘 비추는 장소를 고를 필요가 있다. 전기를 사용할 수 있는지도 확인해야 한다. 백패킹을 하는 것이 아니라면 동계에는 전기장판을 이용하는데, 이 경우 전기는 필수다. 대부분의 사설 야영장에서는 전기를 지원하기 때문에 별 문제가 없지만, 국가에서 운영하는 곳 중 아직 전기를 지원하지 않거나 겨울철에는 아예 폐쇄하는 야영장도 있다. 여름철과 겨울철에 선호하는 야영장의 리스트를 정리해두는 것도 좋은 방법이다.

뜨거운 여름날의 캠핑

동계캠핑의 모습

캠프의 야경

나는 동계캠핑을 위해 많은 대안을 준비했다. 가장 큰 고민은 '기온이 영하로 내려가는 한겨울 밤에 잠을 어떻게 잘 것인가?'였다. 캠핑 선배가 추천한 대로 동계캠핑 초기에는 야전침대를 이용했다. 어른이 사용하기에 야전침대는 큰 문제가 없지만, 어린아이가 사용하는 데는 어려움이 있다. 이런 이유 때문에 조립식 마루를 이용했다. 엄청난 부피를 차지하는 조립식 마루는 한번 사용하고 바로 팔았다. 탐색과 연구의 날이 계속되는 시절이었다.

동계캠핑의 핵심은 '수면 시간에 얼마나 편안한 온도를 유지하는가?'이다. 어른은 침낭만 좋다면 편안한 수면이 가능하다. 어린아이는 그렇지 않다. 침낭에 아이들을 넣어도 잠시 뿐이다. 스멀스멀 기어 나온다. 침낭으로 모든 것을 해결하기가 쉽지 않은 이유이다.

이때에는 거실 부분에 난방을 하고, 이너텐트 내부의 온도를 높이는 것이 유일한 대안이다. 바닥에는 전기장판, 거실 부분에는 난로를 준비하면 비교적 쾌적한 기온에서 잠을 청할 수 있다. 다른 방법은 적당한 크기의 투룸이 아닌 원룸식 거실텐트의 사용이다. 티피텐트 내부에 팬히터를 설치하고 좌식모드로 생활하는 것이다. 나는 최근 이런 방법으로 동계캠핑을 즐긴다.

사람에 따라 스타일이 다르듯이 캠핑 스타일도 다양하다. 자신에게 맞는 동계캠핑 스타일을 찾아가는 것은 생각만큼 쉽지 않다.

거실텐트에는 향을 피우는 것이 좋다

3 : 무엇을 할 것인가?

첫 캠핑은 캠핑 그 자체가 목적인 경우가 많다. 사이트를 찾아 텐트를 설치하고 야영지를 구축하는 데에도 시간이 많이 걸린다. 야영지에는 일반적으로 금요일 밤에 도착하는 경우가 많은데, 아이들은 일찍 잠을 자기 때문에 도착하자마자 잠자리를 마련해야 한다. 그렇게 설치를 마치면 10시가 넘게 되는데, 이때부터 어른들의 즐거운 시간이 시작된다.

토요일은 온전히 하루를 즐기는 시간이다. 그 시간을 어떻게 보내는지가 중요하다. 앞서 말했듯이 캠핑을 처음 접하면 토요일도 야영장에서 바쁘게 보낸다. 아침을 먹고 설거지를 하고 돌아서면 점심이고, 또 그렇게 잠시 여유를 부리면 바로 저녁이 찾아온다. 야영장에서 시간은 화살 같이 빠르게 지나간다.

캠핑은 육체 및 정신을 맑게 해주는 효과가 있다. 캠핑을 몇 번 해보면 점차 주변이 보이기 시작한다. 야영장 주변 관광지를 돌아보게 되거나 자연휴양림이라면 산이 눈에 들어온다. 등산이나 낚시를 하기 위해 캠핑을 한다면 처음부터 목적이 분명하지만, 캠핑만을 목적으로 시작한다면 점차 다양한 레저 활동으로 발전하는 경우가 많다.

캠프에서 즐기는 낚시

캠핑은 숙박을 대신한다. 요즘에는 야영장을 베이스캠프로 삼아 관광을 하는 것이 대세다. 본인의 취미를 함께 즐겨도 좋다. 자전거타기를 좋아한다면, 자전거에 장비를 싣고 바이크캠핑을 하면 된다. 낚시가 취미라면 낚시터 옆에서 캠핑을 즐기면 된다. 산을 좋아한다면 자연휴양림이나 국립공원 야영장에 베이스캠프를 마련하고 등산을 하면 된다.

캠핑장에서 즐기는 다양한 놀이

계곡에서 즐기는 물놀이는 하계캠핑의 묘미

아이와 함께하는 캠핑이라면 아이들에게 보여줄 것을 찾아보는 것이 우선이다. 예를 들어 백제문화권의 박물관을 관람한다고 가정해보자. 이때에는 공주 지역의 야영장에 베이스캠프를 정하고, 주변 지역의 관광지를 찾아 노선을 정하면 된다. 캠핑 2일째 아침은 야영장에서 먹고,

캠핑과 연계한 관광이 좋다

일찍 길을 나서서 점심은 주변의 맛집을 이용하고, 저녁에는 야영장에서 휴식을 취하면 된다. 다음날 귀가 시에 둘러볼 곳도 선정해 놓는다면 더욱 보람 있는 여행이 될 것이다.

야영장 자체에서 시간을 보낼 수 있다면 캠핑이 좀 더 편리해진다. 그 대표적인 예가 농촌 지역에 있는 관광농원이다. 관광농원은 농사를 일종의 비즈니스 툴로 활용하는 관광 사업이다. 관광농원은 보통 숙박 시설을 함께 보유하고 있다. 요즘은 관광농원이 야영장을 겸하는 경우가 많다. 관광농원에는 자체적으로 농사 체험, 가축 먹이 주기, 목공예, 도자기 체험 등과 같은 다양한 프로그램이 준비되어 있다.

관광농원에서의 캠핑은 다양한 체험 활동을 제공한다

캠핑장에서 스스로 즐기는 아이들

1박이냐, 2박이냐
그것이 문제로다

개인의 일정에 따라 다르겠지만, 캠핑을 자주 가는 사람들은 대부분 금요일에 출발한다. 토요일에 출발한다고 해도 야영장 체크인 시간은 12시이므로 이 시간 이후가 되어야만 사이트를 구성할 수 있다. 주말 오후에는 차량이 정체될 수 있기 때문에 운이 나쁘면 길에서 시간을 보내는 경우가 있다. 따라서 가능한 한 금요일에 출발하는 것이 좋다. 퇴근 즉시 집에서 출발을 하더라도 20시 전후, 자정 전후에 야영장 도착하고, 잠자리를 설치하면 새벽을 넘기는 경우가 많다.

어둠이 내린 캠프

첫 캠핑이라면 1박2일이 좋을지, 2박3일이 좋을지도 중요한 요소지만, 야영장 도착 시간대가 사이트를 구성할 수 있는 적절한 시간인지 확인해야 한다. 초기에는 토요일에 출발하는 것이 좋다. 텐트 설치가 익숙하지 않은 초기에는 밝은 낮에 사이트를 구성해야 한다. 주변 상황을 인지하는 것도 중요한 요소다. 이런 관점에서 캠핑 초기 1박2일과 2박3일의 선택 요소를 체크해 보자.

- 몇 시에 도착할 수 있는가? 낮에 도착이 가능한가?
- 사이트 주변에 위험한 요소가 없는지 미리 확인했는가?(검색을 통해 확인)
- 캠핑장에는 야간 조명이 확보되어 있는가?
- 사이트 옆에 차량을 바로 주차할 수 있는가?
- 토요일 하루 종일 즐길 수 있는 장소가 있는가?

밤에 도착했을 때 사이트 구성

혼자 캠핑을 준비하고, 캠핑도 혼자 가야 하는 경우를 제외하고는 조력자가 있기 마련이다. 이런 경우에는 밤에 도착을 하더라도 주변의 도움을 받아 사이트를 구성하면 된다. 주변의 도움을 받기 어렵다면, 차량의 헤드라이트를 이용하면 된다. 주위를 넓게 밝혀주는 광량이 풍부한 랜턴이 있다면 이런 상황에서 유리하다. 나는 랜턴스탠드에 콜맨 노스스타와 같은 광량이 큰 랜턴으로 주위를 비추고, 사이트를 구성하는 방법을 사용한다.

금요일 늦게 야영지에 도착했을 경우, 조심해야 할 사항이 있다. 밤늦게 텐트를 설치하면 팩을 고정하기가 어려워진다. 일찍 잠자리에 든 사람들에게는 팩을 박는 소리가 소음으로 들린다. 바람이 많이 부는 경우가 아니라면 다음날 아침에 팩을 고정하는 것이 예의다.

어둠 속에서 사이트를 구성하는 것은 어렵다

첫 캠핑은 여기가

3

첫 캠핑 시에는 '과연 내가 아이들을 데리고 밖에서 잘 수 있을까?', '아내는 과연 산속에서 잘 수 있을까?' 등 많은 고민이 생기게 마련이다. 대한민국의 남자들은 군대 생활을 해보았기 때문에 외부 환경에 적응하는 것이 비교적 수월하지만, 경험이 없는 가족들은 매우 힘들어할 수 있다. 첫 캠핑 장소는 어느 때보다 신중하게 선정해야 한다.

첫 캠핑에 좋은 장소를 정리해보았다. 이곳이 가장 좋은 장소라는 것은 아니므로, 참고만 하자. 오지보다는 차량의 접근이 유리하고 안전하며 편의시설이 비교적 잘 갖춰진 곳을 선별하였다. 첫 캠핑에서는 편안하고 즐거운 시간을 보낼 수 있는 장소가 중요하다. 첫 캠핑이 좋아야 다음 캠핑도 가능하다.

- 야영장 선택에 도움이 되는 인터넷 사이트: 캠핑존(http://www.campingzone.co.kr)
- 자연휴양림 홈페이지: http://www.huyang.go.kr
- 한국관광공사 캠핑 사이트: http://www.gocamping.or.kr

캠핑장의 아침

1 : 경기권

한탄강유원지 오토캠핑장

한탄강변에 있는 자동차 야영장이다. 국내 자동차 야영장의 효시라고 할 만큼 표준적인 시설을 갖추었다. 주변에 전곡리 유적지가 있고, 아이들과 함께 시간을 보낼 수 있는 유희 시설이 풍부하다. 여름에는 물놀이장을 별도로 운영한다. 구획된 사이트가 좁은 것이 아쉽지만, 거실텐트는 설치가 가능하다. 돔형텐트와 렉타타프를 설치하기에는 공간이 좁다. 처음 시작하는 사람에게는 최적의 장소라고 할 수 있다.

위치
경기도 연천군 전곡읍 전곡리 640

연락처
031-833-0030

형태
오토캠핑용 평지 사이트

시설
개수대, 화장실, 샤워실, 캐러반
전기 사용 가능

홈페이지
http://www.hantan.co.kr

잘 구획된 한탄강유원지 오토캠핑장

임대형 캐러반

개수대

캠핑 사이트

주변에 있는 교통 공원

자라섬 오토캠핑장

평지에 건설된 야영장이다. 사이트가 좁은 오토캠핑장 구역과 캐러반에 대응할 수 있는 캐러반 사이트로 이루어져 있다. 북한강변에 위치하고 있어 풍광이 아름답고, 가평 시내가 가까워서 음식 준비나 식당 이용이 편리하다. 내부에 각종 유희 시설이 풍부하여 아이들과 함께 즐기기에 좋다. 가을에는 음악과 캠핑이 어우러지는 축제가 펼쳐진다.

캠핑 사이트

주변 관광지인 쁘띠프랑스

여름날의 자라섬 오토캠핑장

데크 사이트

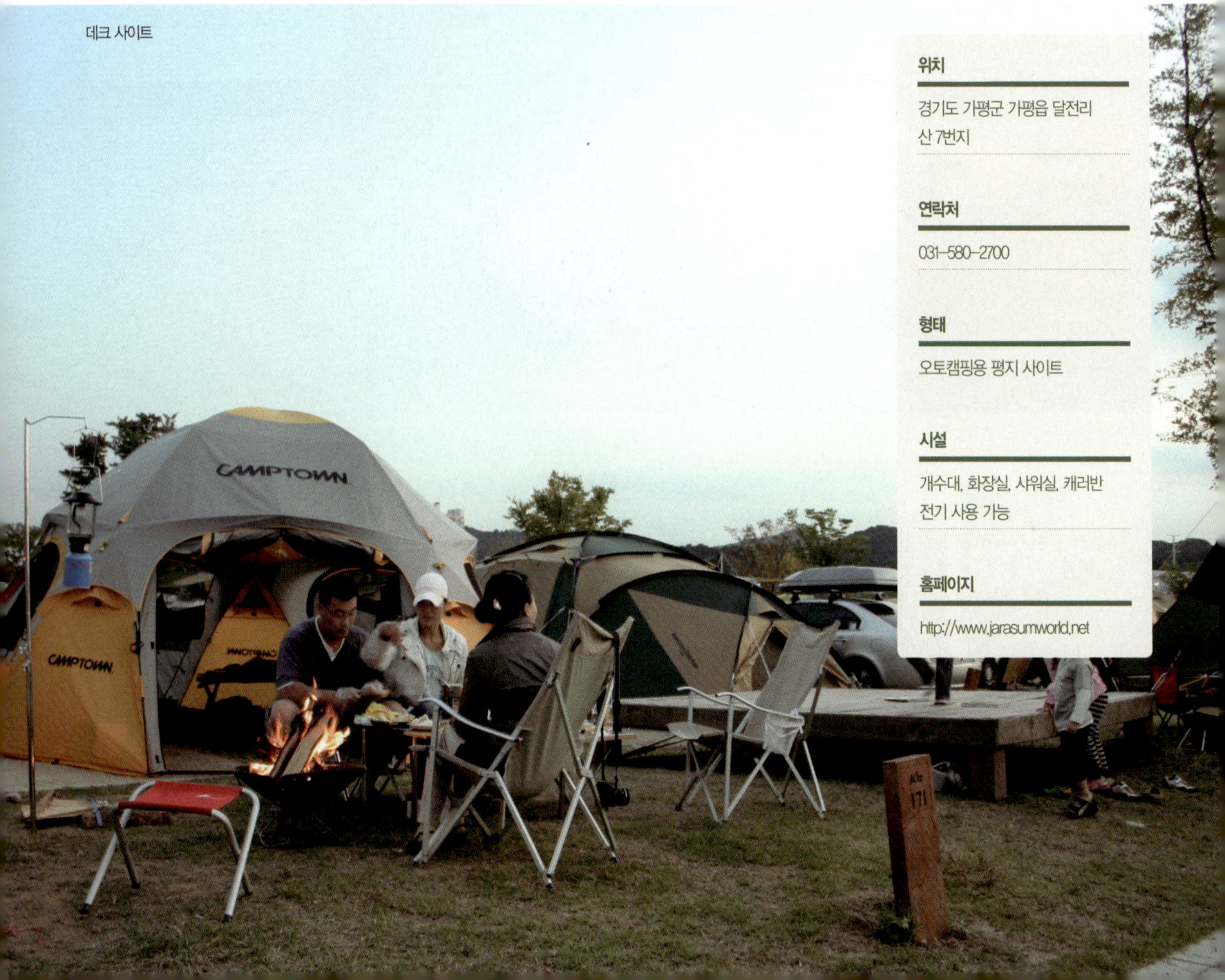

위치
경기도 가평군 가평읍 달전리 산 7번지

연락처
031-580-2700

형태
오토캠핑용 평지 사이트

시설
개수대, 화장실, 샤워실, 캐러반 전기 사용 가능

홈페이지
http://www.jarasumworld.net

🎪 연인산 다목적캠핑장

가평의 자라섬과 가까운 곳에 있는 캠핑장이다. 주변의 산세가 아름답고 평지에 설치되어 있어 아이들과 함께하기에 좋은 곳이다. 캐러반이 함께 있어서 장비 없이도 캠핑을 즐길 수 있다. 계곡도 옆에 있어 아이들이 즐기기에 안성맞춤이다.

캠핑 사이트

위치
경기도 가평군 북면 백둔로 441 연인산 캠핑장

연락처
031-582-5701

형태
오토캠핑용 평지 사이트

시설
개수대, 화장실, 샤워실, 캐러반, 전기 사용 가능

홈페이지
http://www.gpyeonin.co.kr

개수대

주변 맛집인 송원 막국수

연인산 다목적캠핑장 안내도

작은 데크가 단점이다

캐러반 사이트

2 : 충청권

 백야 자연휴양림

음성군에서 관리하는 자연휴양림이다. 사이트가 몇 개 없는 것이 흠이지만, 접근성과 편의성 측면에서 본다면 첫 캠핑을 하는 사람에게 좋다. 주변에 백야저수지가 있으며, 음성읍에서도 가깝다. 산골짜기를 따라 산막이 설치되어 있으며, 아이들과 산책하기에 좋은 산책로가 있다.

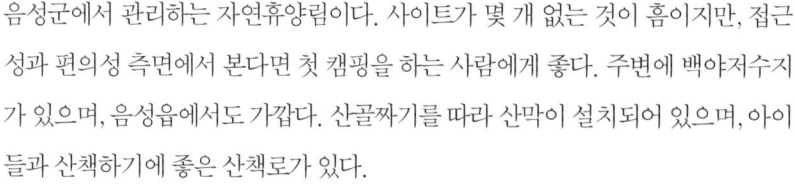

위치
충청북도 음성군 금왕읍 백야리 207번지

연락처
043-878-2556

형태
오토캠핑용 평지 사이트

시설
개수대, 화장실, 샤워실, 전기 사용 가능

홈페이지
https://www.baekya.kr

캠핑 사이트 전경

캠핑 사이트의 구획

캠핑 사이트

샤워실

화장실

여름에 운영하는 수영장

🏕️ 화양구곡 캠핑장

지역에서 관리하는 야영장이다. 별도의 예약을 받지 않고 선착순으로 이용할 수 있다. 시설은 다른 곳에 비해 조금 열악하지만 주변의 화양구곡을 즐길 수 있고, 그늘이 풍부하다. 주변의 하천에서 낚시도 할 수 있고, 속리산의 풍경도 즐길 수 있다. 캠핑을 처음 시작하는 사람에게는 다소 어려울 수 있지만, 오토캠핑을 즐기기에는 충분하다. 제한적으로 전기 사용이 가능하다.

위치	시설
충청북도 괴산군 청천면 화양로 733-38 화양동야영장	개수대, 화장실, 샤워실, 제한적 전기 사용 가능

연락처	홈페이지
043-830-3114	없음

형태

오토캠핑용 평지 사이트

그늘이 풍부한 화양구곡 캠핑장

큰 거실텐트도 자유롭게 설치할 수 있다

상단 사이트

가을에 특히 좋은 화양리

설악동의 가을

3 : 강원권

 설악동 야영장

설악산 국립공원 관리공단에서 관리하는 야영장이다. 국립공원에 설치된 야영장이니 만큼 주변의 풍광은 매우 좋은 편이다. 가을에는 단풍을 즐길 수 있고, 여름에는 동해와 가까워서 바다를 즐길 수도 있다. 전기는 제한적으로 사용할 수 있다.

위치
강원도 속초시 설악산로 1119-180

연락처
033-636-1262

형태
오토캠핑용 평지 사이트

시설
개수대, 화장실, 샤워실, 제한적 전기 사용 가능

홈페이지
http://seorak.knps.or.kr

자유로운 사이트 구성이 가능하다

미천골 자연휴양림

국립자연휴양림관리소에서 관리하는 자연휴양림이다. 성수기인 여름철에는 예약을 하지 않고서는 사용하기가 힘들다. 초보에게는 다소 어려운 캠핑장이라고 할 수 있지만, 7km에 이르는 미천골계곡을 둘러보면 어렵다는 생각이 씻은 듯이 사라진다. 자연 속에서 진정한 캠핑의 묘미를 느낄 수 있는 곳이다. 주변에는 불바라기 약수가 있으며, 숲에서 하루 종일 있어도 지루하지 않을 만큼 공기가 맑고 청명하다.

위치
강원도 양양군 서면 미천골길 168-16

연락처
033-673-1806

형태
데크형 사이트

시설
개수대, 화장실, 샤워실, 제한적 전기 사용 가능

홈페이지
http://www.huyang.go.kr

입구 펜션

미천골 계곡

미천골 자연휴양림 1

미천골 자연휴양림 2

미천골 오토캠핑장

4 : 전라권

 ### 굴전 국민여가캠핑장

여수시와 여수 MBC에서 관리하는 국민여가캠핑장이다. 폐교를 이용한 야영장으로 잘 구획된 사이트와 캐러반을 운영하고 있다. 학교 시설을 이용한 화장실 및 샤워실이 잘 구비되어 있다. 굴전이라는 것에서 알 수 있듯이, 굴 양식장이 바라보이고, 호수 같은 남해의 풍광을 즐길 수 있다. 주변에 향일암을 비롯한 다양한 관광지가 있다. 여수 시내에서 가까워 식사 준비가 편리하고 접근성이 우수하다.

위치
전남 여수시 돌산읍 평사리 1324

연락처
1588-3896

형태
오토캠핑용 평지 사이트

시설
개수대, 화장실, 샤워실, 캐러반, 전기 사용 가능

홈페이지
http://camping.ysmbc.co.kr

굴전 국민여가캠핑장

굴전 국민여가캠핑장 부대 시설

굴전 국민여가캠핑장 1

굴전 국민여가캠핑장 2

해남 땅끝 오토캠핑장

해남군에서 관리하는 캠핑장이다. 캠핑 캐러반과 산지 능선을 따라 평지형 사이트가 설치되어 있다. 남해를 바라보면서 캠핑을 할 수 있고, 편의시설도 잘 갖추어져 있다. 땅끝마을과 가까우며, 공룡박물관 등과 같은 볼거리가 풍부하다.

위치
전남 해남군 송지면 갈산리 25-15

연락처
061-534-0830

형태
오토캠핑용 평지 사이트

시설
개수대, 화장실, 샤워실, 캐러반, 전기 사용 가능

홈페이지
http://autocamp.haenam.go.kr

거실텐트 설치가 가능하다

경치가 좋은 해남 땅끝 오토캠핑장

바다가 보이는 캠핑장

주변 관광지

5 : 경상권

🏕 가산산성 야영장

팔공산 도립공원 관리공단에서 관리하는 야영장이다. 홈페이지를 통해 예약을 해야 이용할 수 있다. 경사지에 있는 산지형 야영장은 짐을 옮겨야 하는 불편함이 있다. 가족 야영장은 주차장에서 가까운 편이다. 팔공산 정상에 가까운 곳에 있는 만큼 경치가 훌륭하다. 5월이면 벚꽃이 만개하는데, 벚꽃이 휘날리는 캠핑장의 경치가 예술이다. 경사지가 많아 아이들에게는 위험할 수 있으므로 주의해야 한다.

경사가 있는 사이트

가산산성 야영장

석재로 구획이 되어 있다

가산산성 야영장의 아침풍경

위치
경북 칠곡군 동명면 한티로 1034

연락처
053-602-5900

형태
오토캠핑용 평지 및 산지 사이트

시설
개수대, 화장실, 샤워실,
전기 사용 가능

홈페이지
http://www.gbpalgong.go.kr

통고산 자영휴양림

국립자연휴양림이다. 캠핑을 많이 하는 사람들도 찾기에는 조금 어려운 곳이다. 그러나 이곳 만큼 숲이 풍부하고 자연을 오롯이 느낄 수 있는 야영장도 드물다. 접근성이 조금 떨어지지만, 힘든 것이 즐거움으로 상쇄되는 곳이다. 주변에 금강송자생지가 있고, 불영계곡도 가깝다.

위치
경상북도 울진군 서면 불영계곡로 880

연락처
054-783-3167

형태
평지 및 산지 데크 사이트

시설
개수대, 화장실, 샤워실

홈페이지
http://www.huyang.go.kr

금강송이 멋진 캠핑장이다

야영장

데크 사이가 가까운 것이 단점이다

상단 야영장

계절별
추천 장소

4

계절 과일이 있듯이 계절별로 좋은 야영장이 있다. 계절별 좋은 장소를 추천한다.

1 : 봄: 유명산 자연휴양림

위치
경기 가평군 설악면 유명산길 79-53

연락처
031-589-5487

형태
데크 사이트

시설
개수대, 화장실, 샤워실

홈페이지
https://www.foresttrip.go.kr

서울에서 가까운 가평군에 위치한 캠핑장이다. 국립 자연휴양림으로 예약을 하기가 어려운 단점은 있지만 봄날 캠핑하기에 좋은 곳이다. 유명산 트레킹도 좋고 주변에 볼거리가 많은 곳이다. 아늑한 잣나무 사이트가 있는 1야영장은 차를 바로 옆에 주차할 수 있어 좋다. 2야영장은 산을 조금 올라가면 있다. 봄에 산자락을 따라 흐르는 구름들을 볼 수 있는데 자연을 고스란히 느끼는 묘미가 좋다.

캠핑 사이트

데크 위 텐트 설치 모습

1야영장

2야영장

계곡이 좋은 갈천 오토캠핑장

위치
강원도 양양군 서면 구룡령로 1103-12

연락처
033-673-4041

형태
평지 사이트

시설
개수대, 화장실, 샤워실
전기 사용 가능

홈페이지
http://cafe.naver.com/galchunauto

2 : 여름 : 갈천 오토캠핑장

구룡령을 힘겹게 내려가면 만날 수 있는 사설 야영장이다. 야영장 앞에 흐르는 계곡이 일품이다. 나무 그늘이 풍부하여 여름에는 이런 곳을 찾기 어렵다. 또 바다가 인접해 있어서 해수욕도 할 수 있다. 피서철 국가에서 운영하는 곳보다 자리 잡기가 어려울 수 있으므로, 미리 예약을 해야 한다.

그늘이 풍부하다   숲과 계곡이 좋다   송림이 좋은 야영장이다

3 : 가을: 집다리골 야영장

매해 가을마다 찾는 곳이다. 캠핑을 꼭 하지 않더라도 붉게 물든 단풍을 보기 위해 찾는다. 온 산이 물들 만큼의 단풍은 아니지만, 조금씩 보이는 빨간 단풍을 보면서 상념에 빠질 수 있다. 춘천호반과 함께 고즈넉한 느낌을 느낄 수 있는 곳으로, 가을 단풍철에는 집다리골 자연휴양림으로 가야 한다. 바람 부는 날이면 압구정에 가듯이…….

짙은 단풍

단풍 아래에서 캠핑을 할 수 있다

데크

가을에는 집다리골이다

위치
강원도 춘천시 사북면 화악지암1길 130

연락처
033-243-1443

형태
산지 데크 사이트

시설
개수대, 화장실, 샤워실

홈페이지
http://gdr.jjpdari.com

4 : 겨울: 광덕리조트 캠핑장

반드시 겨울에만 좋은 곳이 아니다. 여름철에도 그 푸르름과 계곡이 좋은 곳이다. 이곳을 굳이 겨울에 추천하는 이유는 온전히 겨울을 느낄 수 있는 몇 안 되는 장소이기 때문이다. 화천은 겨울에 춥기로 유명한 곳이다. 3대가 덕을 쌓지 않아도 스노우캠핑이 가능한 곳이다. 날이 흐리다면 꼭 가보자. 화천의 겨울철 명품 축제인 산천어축제 장소도 가깝다. 아이들과 함께 즐거운 시간을 보내기에 최적인 장소다.

위치
강원도 화천군 사내면 광덕리 1053

연락처
033-441-2617

형태
평지 및 산지 사이트

시설
개수대, 화장실, 샤워실

홈페이지
http://www.kdgf.co.kr

구획되지 않은 사이트

눈이 많은 화천

눈 덮인 야영장

여름에도 좋은 광덕

 **한눈에 살펴보는 국내 판매 거실텐트**

반포 오픈에어

콜맨 웨더마스터 투룸

콜맨 라운드스크린 투룸

캠프타운 빅돔

자칼 리빙쉘

스노우피크 랜드락

콜맨 웨더마스터 와이드스크린 타프

코오롱 메가팰리스

캠프타운 투어러 400

 캠프타운 리오그란데

 도로씨 L

 코베아 캐슬

 콜맨 라운드스크린 타프 도킹

 코베아 캐슬 도킹

 콜맨 3폴 스크린타프

 코베아 와이드 빅돔

 코오롱 어드벤처 티피

 힐랜드 루프탑텐트

CAMPING 6

야영장으로 출발! 실전 캠핑

모든 준비가 끝난 당신을 위한 실전 노하우를 풀어본다. 출발 전 준비부터 캠핑 후 마무리까지 하나씩 알아본다. 마주앉아 이야기하듯 초보자가 알아야 할 여러 팁을 알아보자.

실전 캠핑의 시작

자, 이제 이런저런 고민 끝에 마음에 드는 장비를 구매했다. 부족한 장비가 있겠지만 처음은 그렇게 시작해보자. 야영장에 가보면 무엇이 필요한지 자연스럽게 알게 된다. 당신은 며칠을 고민하며 첫 야영 장소를 골랐다. 그곳이 어디이든 첫 방문이고, 첫 캠핑의 기대로 밤잠을 이루기 어려웠을 것이다. 가족을 안전하고 편하게 해줄 수 있을지 고민도 될 것이다. 하지만 걱정하지 말자. 이 모든 것이 캠핑의 묘미이자, 아빠의 존재감을 확인시켜줄 기회이기 때문이다.

아빠는 캠핑장에서 재탄생한다

출발 전 이것만은!

본격적인 첫 캠핑을 앞둔 당신! 출발 장소를 미리 정했다면 떠날 준비를 해보자. 준비는 야영장 도착 3~4일 전부터 시작하는 것이 좋다. 이때 미리 준비해두면 좋은 것은 일종의 체크리스다. 간략하게 체크리스트를 정리해보자.

캠핑 매장

1 : 출발 D-3

매주 주말마다 캠핑하던 시절이 있었다. 금, 토, 일 캠핑을 하고 월요일은 쉬고, 화요일에는 다음에 갈 장소를 찾고 수요일에 예약을 한다. 목요일에는 음식을 준비한다. 이렇다 보니 월요일을 제외하고 일주일 중 6일은 온통 캠핑 생각뿐이었다. 월요일에는 캠핑 후기도 남겨야 한다. 매주 캠핑을 하는 사람들은 보통 이렇게 산다.

텐트 설치 미리 해보기

출발 전에는 반드시 내가 구매한 텐트의 크기가 어느 정도인지, 어떻게 설치하는지, 어떻게 해체하여 포장하는지를 알기 위해 집 주변의 공터를 이용하여 미리 설치를 해보자. 야영장 가보면 텐트를 처음 사 가지고 와서 가족들 앞에서 허둥대는 사람이 있다. 반드시 한 번은 자신이 소유하고 있는 텐트와 타프를 설치하는 연습을 미리 하도록 하자. 그리고 무엇보다 어떻게 수납하는지도 잘 살펴야 한다. 텐트를 구입했을 때 포장된 방식을 휴대폰으로 촬영해 놓는 것도 좋은 방법이다.

캠핑 전 텐트 설치 연습하기

야영장 상황 파악하기

사전에 야영장에 대한 정보를 수집해 놓는 것이 좋다. 캠핑 사이트를 지정하여 운영하는 야영장이라면 크게 걱정할 것이 없지만, 지정 사이트가 아닌 선착순 야영장의 경우에는 대략 어떤 곳에 텐트 설치를 할 것인지 미리 알아보는 것이 좋다. 화장실, 개수대의 위치를 파악해두는 것도 중요하다.

캠핑 전 야영장 시설 살펴보기는 필수

야영장의 전기 시설이 어떤지 미리 살펴봐야 한다

야영장 가는 길 확인하기

대개의 경우, 야영장으로 가는 길 찾기는 내비게이션(Navigation)을 이용할 것이다. 그럼에도 불구하고 길을 미리 찾고 조사하는 것 역시 중요한 포인트이다. 귀가하는 길에 식사를 해야 할 시기를 놓치는 경우도 있으며, 준비를 철저히 했다고 하더라도 무거운 생수나 석유 난로의 연료를 구매해야 하는 경우도 있다. 이때를 위해 가고 오는 길에 주유소는 있는지, 식당은 있는지 등을 미리 알아보는 것이 좋다. 나는 캠핑을 마치고 돌아오는 길에 가족과 목욕하는 것을 좋아한다. 피로도 풀고 집에 도착해서 일상으로의 복귀에 도움이 된다. 야영장에서 돌아오는 길에 좋은 목욕탕을 찾는 것도 중요한 일이 되었다.

캠핑 전 경로 확인은 필수

무턱대고 출발하면 주말의 정체를 만날 수 있다

캠핑모드 혹은 사이트 구상하기

자신의 사이트를 어떻게 구성할 것인지 미리 생각해보는 것이 좋다. 텐트와 타프를 어떻게 구성할 것인지, 좌식모드인지 입식모드인지 등 자신이 가진 장비를 상상을 통해 설치해보자. 영화를 보면 중요한 일을 치르기 전에 상상으로 그 일을 해보는 장면을 볼 수 있다. 키친테이블, 텐트 설치 위치 등을 종이에 그려보는 것도 좋은 방법이다. 이런 준비를 한 후에 야영장에 도착하면 설치 시간을 상당히 줄일 수 있다.

사이트를 어떻게 구성할지 사전에 검토해야 한다

사이트를 잘 구성하면 캠핑이 즐겁다

2 : 출발 D-2

안전한 집에서 일상생활을 하다가 색다른 공간 그것도 자연이라는 조금은 위험할 수 있는 공간에서 야영을 한다는 것은 그리 쉬운 일이 아니다. 처음에는 조금 과하다 싶을 정도로 준비를 해놓는 것이 안전에 그리고 즐거운 캠핑에 밑바탕이 된다.

 음식 재료 준비

캠핑의 백미는 역시 맛있는 식사다. 캠핑에서는 걸인의 식사이라도 왕후의 식사가 된다. 음식 준비는 장비를 준비하는 것만큼 중요하다. 집에 있는 반찬으로 도시락 싸듯이 준비를 하는 경향이 있는데, 이는 혼자 캠핑을 갈 때 해당하는 이야기이고, 아이들이 함께 한다면 그렇게 하지 못한다. 캠핑 음식을 그리 중요하게 생각하지 않는다. 그래서 이 책에는 음식 이야기가 없다. 캠핑 음식이 궁금하다면 다른 책을 참고하기 바란다.

캠핑 음식 준비는 즐거운 캠핑의 시작

캠핑장에서의 만찬

캠핑 출발 전날에는 준비할 것이 많다. 그중에서도 음식 준비는 아내가 여유 있게 미리미리 준비를 해서 반드시 필요한 것만 구매한다면 모를까 출발하기 며칠 전에 미리 준비하는 것이 좋다.

 생수 얼리기

뜨거운 여름, 야외에서는 아이스박스가 필수다. 사계절 모두 필요한 것이 아이스박스이기는 하다. 겨울에는 추운 기온 탓에 음식 재료가 얼기도 한다. 이때 생수는 보냉제(냉매)로 활용한다. 보통은 파란색의 기성품 보냉제를 사용한다. 보냉제는 부피만 차지하고 무겁기만 하다. 2L의 생수를 최소한 이틀 전에 얼려두자. 이 얼린 생수를 보냉제로 이용하면 된다. 생수가 녹으면 꺼내서 음용수로 이용하면 된다. 생수는 가능한 한 미리 얼리는 것이 좋다. 냉장고 냉동실에 오래 보관할수록 잘 녹지 않는 경향이 있으므로, 아예 미리미리 많이 얼려두는 것이 좋다.

캠핑에 필요한 생수 얼리기

주차 잘해 놓기

이 무슨 뜬금 없는 이야기냐고 할지 모르지만, 나는 아파트에 거주한다. 조금 오래된 아파트라 지하주차장에 엘리베이터가 없다. 지상에 주차해야만 편리하게 장비를 수납할 수 있기 때문에 이틀 전 저녁에 지상 주차장을 노리고 있다가 자리가 나면 차를 옮긴다. 특별한 일은 아니지만, 캠핑하는 사람에게는 중요하다. 요

장비를 옮기는 것은 피곤한 일이다

즘 입주하는 아파트에는 지상주차장이 없고 지하주차장까지 엘리베이터가 운영되기 때문에 관심을 가질 이유가 없다고 생각할지 모르지만, 장비를 편리하게 수납하기 위해서는 편리한 주차 위치로 차를 옮겨 놓아야 한다. 장비를 수납하는 것은 매번 다르기 때문에 여러 번의 실패를 한다. 실었다가 내리는 일을 반복할 수 있는 넓은 공간을 가진 주차 위치에 차를 주차해 놓는 것이 중요하다.

3 : 출발 D-1

즐거운 첫 캠핑을 준비하느라 많은 시간을 보냈다. 이제 내일이면 야영장으로 출발한다. 출발 하루 전에는 무엇을 해야 할까? 음식 재료를 미리 준비하지 않았다면, 퇴근 후에 바로 준비하자. 두근거리는 마음에 생각이 잘 나지 않겠지만, 체크리스트를 보면서 차분히 정리하자.

작은 소품은 캐리백에!

캠핑에 사용되는 장비에는 소품들이 많다. 이런 소품들은 하루 전 캠핑용 가방에 정리하자. 미리 정리해두면 좋겠지만 실제 일상에 사용되는 것을 챙겨 가는 경우가 많으므로, 하루 전날 준비하는 것이 좋다. 별도로 캠핑용 수저통이나 수저를 준비하지 않았다면 미리 비닐에 담아 가방에 넣어두자. 이런저런 주방용품도 굳이 캠핑용을 구매할 필요가 없다. 가위, 국자, 집게 등은 집에서 사용하던 것을 그대로 사용해도 무방하다. 캠핑용 가방은 중간 사이즈의 것을 준비해서 용도별로 나눠 준비하자. 예를 들어 주방용품 가방, 음식 재료 가방, 연료 가방 등을 구분하여 준비하는 것이 야영장에서 편리하다.

소품은 캐리백에 정리한다

옷도 캠핑 준비물이다

도시와 달리 자연이 가까운 야외에서는 기온의 편차가 심한 편이다. 낮에는 덥더라도 밤에는 기온이 떨어진다. 또 고도가 높은 자연휴양림 같은 산속에서는 변화가 심하다. 그래서 여름철에는 가급적 얇고 가벼운 옷들을 여러 벌 준비해 가는 것이 중요하다. 아이들의 옷과 여벌 옷은 캠핑용 가방이나 여행용 캐리어에 따로 보관하여 바로 찾을 수 있게 하자.

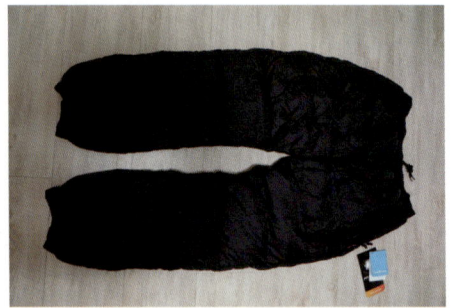
동계 백패킹에 사용하는 우모 바지

 ### 숨어 있는 야영 장비 찾기

캠핑을 자주 즐기는 사람의 집에 가본 적이 있다. 그 사람은 아예 방 하나를 야영 장비 수납 창고로 활용하고 있었다. 방 내부에 선반을 놓고 종류별로 야영 장비를 구분하여 잘 찾을 수 있도록 해 놓았다. 침낭도 보관망에 넣지 않고 걸어 놓고 있었다. 일반적인 경우에는 집안 곳곳 구석진 곳에 야영 장비를 보관하게 된다. 캠핑을 떠나기 전 베란다 혹은 침대 밑 같은 곳에 보관해두었던 야영 장비의 위치를 확인해두자. 미리 꺼내두면 좋겠지만, 그 다음날의 일상도 있으므로 그렇게 하기가 힘들다. 직접 경험해보면 알 수 있다. 직장인의 경우, 금요일에 휴가를 내지 않고 정상 퇴근 후에 귀가하면 보통 7시 정도가 된다. 그때부터 장비를 찾아 차에 수납하게 되는데, 이것이 보통 일이 아니다. 통상 1시간~1시간 30분이 걸린다. 다른 계절은 크게 상관이 없지만, 추운 겨울에는 이야기가 다르다. 주변의 캠핑하는 사람들도 이와 비슷한 경험을 하는데, 장비 수납이 힘들어서 캠핑하러 가는 것이 싫어지는 경우도 있다고 한다. 하루 전날 장비의 위치를 확인하고 바로 꺼낼 수 있도록 준비하는 것도 중요한 포인트다.

이제 출발이다

1 : 테트리스(Tetris)는 어려워!

차량에 캠핑용 장비를 수납하는 것을 보통 '테트리스한다'라고 표현한다. 바늘도 들어가지 않을 정도로 촘촘히 꽉 채운 트렁크의 모습을 상상해보자.

수납의 첫 번째 원칙은 필요한 야영 장비를 모두 수납하는 것이다. 간단해 보이지만 사실은 매우 어려운 숙제다. 야영 장비가 비교적 많이 없는 첫 캠핑에서는 쉽게 수납할 수 있겠지만, 점점 캠핑 횟수가 늘어나면서 장비도 자연스럽게 늘어난다. 더 이상 차에 장비를 수납할 공간이 없어지는 순간이 오는 경우가 있다. 요령이 생기면 다행이지만, 절대적인 공간의 부족은 아무리 수납의 달인이라 해도 어쩔 수 없다. 자신의 차에 맞게 장비를 구매하는 요령이 필요하다. 테이블과 로우체어는 생각보다 부피가 큰 편이다. 이 제품을 구매하겠다고 한다면 차량에 수납이 되는지 판매점에서 시험해본 후에 구매하는 것도 한 가지 방법이다. 장비를 구매하되, 우선 꼭 필요한 필수 장비를 구매해야 하고, 그 이후에 남는 공간이 어느 정도인지 파악하여 수납용 캐리백 사이즈 및 개수를 확정해야 한다. 캠핑하는 사람들이 잠언처럼 여기는 여러 이야기 중에 다음과 같은 말이 있다.

"많은 야영 장비 때문에 수납이 힘들고 야영장에서 사이트를 구축하는 것도 힘든가? 야영 장비를 줄여 좀 더 편하게 설치와 철수를 원하는가? 좋은 방법이 있다. 차의 크기를 줄이는 것이 답이다."

날렵한 헥사타프

수납의 두 번째 원칙은 순서를 생각해야 한다는 것이다. 집에서 출발 전 트렁크에 장비를 넣는 순서를 고민해야 한다. 그 방법은 야영장 도착 시 사이트 설치에 필요한 순서에 맞게 수납하는 것이다. 야영장에 도착하여 캠핑 자리를 확정하고 난 이후에 어떤 순서로 설치를 할 것인지를 생각하면서 장비를 수납해야 한다.

여름철에는 타프가 필수다. 사이트의 위치가 확정되면 우선 타프부터 설치하자. 타프를 설치한 이후에는 텐트의 입구를 타프 아래에 살짝 밀어 넣어 비가 올 경우 입구가 비를 맞지 않도록 한다. 이 경우, 가장 먼저 차에서 꺼내야 하는 장비는 타프와 망치가 들어 있는 팩가방이다. 경우에 따라 꺼낸 장비를 바닥에 놓기 전 작은 방수포 같은 것을 놓고, 그 위에 장비를 내리는 경우가 있는데 그런 경우라면 방수포를 먼저 꺼내야 한다.

수납의 세 번째 원칙은 차량의 숨어 있는 공간을 활용해야 한다는 것이다. 가장 먼저 트렁크에

박스처럼 각이 서 있는 캐리백이나 텐트와 같이 부피가 큰 장비를 먼저 넣는다. 그 다음에는 틈새를 찾아 형태를 쉽게 변형할 수 있는 의류 파우치, 작은 팩가방 등을 넣는다. 승용차의 경우에는 뒷자리 뒤쪽의 공간도 활용하자. 아이들이 어리다면 앞자리와 뒷자리 사이에 수납할 수도 있다.

장비 수납의 실제 사례

캠핑용 편의용품 중 가장 나중에 설치하는 것을 먼저 수납해야 한다. 예를 들면 화로대, IGT, 테이블, 스토브 등이다. 이들 제품은 무게가 많이 나가므로 바닥에 수납한다.

❶ 자신의 차량 크기에 잘 맞추어 빈틈없이 쌓아나가는 것이 팁이다.

수납 1단계

❷ 폴딩체어, BBQ체어를 수납한 후에 앞쪽에는 팩가방 등과 같이 캠핑장에서 바로 사용하는 장비 가방을 수납한다.

수납 2단계

❸ 공간의 크기를 잘 판단해서 소품들이 있는 캐리백을 수납한다.

수납 3단계

❹ 평평한 공간을 만든 후 그 위에 캐리백, 텐트를 수납한다. 캠핑장에서 가장 먼저 설치하는 텐트나 타프를 가장 위에 올리는 것을 잊지 말아야 한다.

수납 4단계

❺ 빈 공간을 찾아 매트와 침낭 등 가벼운 제품을 끼워 넣는다. 대체로 이런 제품들은 길이가 길고 폭이 좁으므로 최대한 빈틈을 찾아 수납해야 한다.

수납 5단계

2 : 장비 수납용 보조용품

당신의 차가 SUV라면 큰 고민이 없겠지만 승용차라면, 그리고 가족이 4명이라면 이야기가 달라진다. 최근에는 간단모드라고 해서 장비를 많이 준비하지 않지만 내가 처음 캠핑을 시작할 때는 모든 야영 장비가 비교적 부피가 컸다. 가장 유행했던 스노우피크 원액선테이블과 FD체어 4개의 크기가 골프 가방 2개 정도와 맞먹을 정도였다. 아무리 접히거나 포갤

캠핑용품에 둘러싸인 아들

수 있는 야영 장비라 하더라도 기본적인 부피는 어쩔 수 없다. 이것이 바로 본인이 소유한 차량의 수납 가능 용적을 잘 생각해서 장비를 구입해야 하는 이유다.

승용차의 경우에는 최소한의 장비를 준비할 수밖에 없다. 필수적인 텐트, 타프, 매트, 침낭, 아이스박스만으로도 대부분의 승용차 짐칸을 다 채워버린다. 추가로 필요한 소품용 캠핑 가방, 옷 가방을 넣으면 더 이상 공간이 없다. 이럴 경우, 수납을 하다가 폭발하게 된다. 사람들이 캠

핑을 좀 하다가 차를 바꾸는 이유는 바로 이 때문이다. 필자의 경우, 캠핑 5개월만에 SUV 차량으로 바꿨다. 그러나 그렇게까지 할 필요는 없다. 요즘은 이런 상황에 대비하여 다양한 외부 수납용 장치가 판매되고 있기 때문이다.

 수납 공간 부족의 해결사, 카고백

부드러운 방수천이나 얇은 플라스틱으로 제작된 큰 가방이다. 정식 명칭은 카고백(Cargo Bag)이며, '루프백'이라고도 한다. 승용차에는 SUV와 달리 루프백을 고정할 수 있는 바(Bar)가 없기 때문에 보통은 지붕에 얹고 차량 내부로 스트랩(Strap)을 넣어 고정한다. 이 때문에 비가 오면 내부로 비가 들어오는 경우도 있다. 일반적으로 판매되는 카고백의 용량은 400L~500L이다. 길이는 100cm, 폭은 60~75cm, 높이는 40~50cm 정도다. 어떻게 사용하느냐에 따라 다르겠지만, 4인 가족에게 필요한 침낭 4개, 매트, 전기요는 충분히 들어간다. 그래도 보통은 공간이 남기 때문에 사이사이에 가볍고 부피가 큰 물건을 수납할 수 있다.

카고백은 보통 '타포린(Tarpaulin)'이라 불리는 방수 원단으로 제작된다. 원단의 특성상 근본적인 방수가 가능하다. 하지만 지퍼 부분이나 제작을 위해 불가피하게 생긴 미세한 틈 사이로 빗물이 침입하기도 한다. 특히, 비가 내리는 날 고속도로에서 고속 주행을 하면 바람의 영향으로 모세관 현상이 발생한다. 어쩔 수 없이 비가 들어오는 것을 예상하고 수납을 하는 것이 좋다. 일기예보를 보고 강우가 예상되면 침낭의 경우는 큰 비닐 같은 곳에 넣어 수납하는 것이 좋다. 이런 약간의 불편함을 감수하면 카고백은 수납 공간 확장을 위해 매우 좋은 도구다.

야키마 루프백

코베아 루프백

카고백의 결정적인 단점은 비가 내리는 상황에서 어쩔 수 없이 철수할 때에 드러난다. 이때는 사실 대책이 없다. 비를 막아줄 수단이 없다면 내리는 비를 고스란히 맞아야 하는 상황이 발생한다. 이 경우에는 특단의 조치가 필요하다. 모든 장비를 정리하되, 가장 마지막에 타프를 해체해야 한다. 철수에 필요한 모든 장비를 타프 밑에 두고 차량을 타프 밑으로 집어넣어 짐을 정리한 후에 타프를 정리한다. 1년에 최소한 한 번 정도는 사용하게 될 수 있으므로 잘 숙지해두자.

SUV에 적합한 카고박스

승용차의 한계를 느끼게 되면 야영 장비 중 가장 큰 비용을 치르는 차량을 바꾸게 된다. '설마'라고 생각할지는 몰라도 나 역시 이와 똑같은 길을 걸었다. SUV를 구매할 경우에도 보유한 야영 장비의 부피를 확인하자. SUV라고 해서 모두 충분한 수납 공간을 가진 것이 아니다. 국내에서 판매되는 SUV의 트렁크 용량은 과대 포장된 경우가 많다. 혼다 CR-V의 경우, 최대 1,053L라고 광고하지만 실제 트렁크 용량은 598L 정도. 최대라고 표현하는 것에 속지 말아야 한다. 가용 가능한 공간, 즉 1, 2열에 사람이 탄 후에 남은 트렁크의 공간을 확인할 필요가 있다. 국내에서 시판되는 SUV 중 트렁크 공간이 큰 편에 속하는 차는 랜드로버 레인지로버로, 약 900L의 공간을 자랑한다. 이와 반대로 국내 차의 경우, 트렁크 공간이 500L라고 광고하고 있는데, 실제로는 더 큰 경우도 있다. 따라서 숫자에 현혹되지 말고 실제 공간을 확인하는 것이 좋다.

툴레 제품이 가장 유명하다

루프박스를 설치한 SUV 차량

툴레 루프박스

카고박스 혹은 루프박스를 검토하기에 앞서 자신의 SUV에 고정을 위한 바가 있는지를 살펴보아야 한다. 보통은 세로 바가 설치되어 있는 경우가 많다. 세로 바에 툴레와 같은 브랜드에서 나오는 윙바를 추가하여 루프박스를 고정하면 된다.

루프박스 구매 시 한 가지 더 주의해야 하는 사항은 자신의 차량 높이에 루프박스를 추가했을 때 총 높이가 얼마인지 파악해야 한다는 것이다. 건축물 부설 주차장에서 허용되는 차량 높이는 일반적으로 2.1m이다. 통로의 경우에는 이보다 조금 높은 2.3m 정도다. 이 숫자를 잘 기억해야 한다. 루프박스를 판매하는 사람들이 잘 설명해주겠지만 무턱대고 크고 높은 루프박스를 구매했다가 대형 할인점에 들어가지 못하는 사태가 발생할 수도 있다.

많은 장비를 수납할 수 있는 카고 트레일러

카고 트레일러

3 : 출발에서 도착까지

야영장으로 가기 위해 집을 나섰다. 모든 것이 새롭고, 한편으로는 두려운 마음도 든다. '텐트 설치를 잘할 수 있을까?', '주변에는 어떤 사람들이 있을까?' 등 기대감에 들뜬 마음을 잠재우기 힘들다. 그럴수록 안전 운전에 집중하자. 집을 출발하여 야영장으로 가는 여정에서도 몇 가지 확인해야 할 요소가 있다. 사소한 것일 수도 있지만 매사 확실하게 처리하자. 아빠는 슈퍼맨이어야 한다.

공정캠핑을 해보자

공정무역을 아는가? 그렇다면 공정캠핑을 실천해보자. 상하기 쉬운 음식 재료를 제외한 캠핑용 부식은 야영장 주변에서 구매하자. 비록 적은 금액이더라도 지역 주민의 직접 수입으로 연결되기 때문에 착한 소비가 된다. 야영장을 선택하고, 길을 찾아보고, 공정캠핑을 실천할 판매처도 알아보자. 이리저리 헤매지 말고 가는 길 중간에 캠핑 연료, 식수, 그 지역의 특산품(과일, 야채) 등을 구매하는 것도 좋은 방법이다.

캠핑장 주변의 하나로마트

늦게 가는 것도 좋다

꼭 빨리 도착하는 것만이 능사는 아니다. 야영장으로 가는 중간에 둘러볼 만한 곳이 있다면 들렀다 가보자. 귀가 길은 차량 정체로 인해 불안해질 수 있다. 마음의 여유를 가지고 아이들과 함께 재미있는 시간을 즐겨보자. 캠핑을 가는 지방자치단체에 지역 관광 안내서를 요청해서 받아보거나 고속도로 휴게소에 준비되어 있는

박물관 투어도 좋은 시간이다

관광 안내소를 찾아보자. 생각보다 많은 정보를 얻을 수 있다. 캠핑과 여행을 접목하여 소개하는 책자도 좋은 도구다. 지역별 관광 소개 책자를 구매해서 캠핑 준비 과정에 활용하면 좋을 것이다.

도착 시간을 체크하자

야영장에 도착한 후 텐트를 설치하고 잠자리를 준비하고 이런저런 장비를 구축한 다음에 시계를 보면 어느새 2시간이 훌쩍 지나 있는 경험을 한 적이 있다. 야영장 가는 길의 상황을 실시간으로 체크하자. 만약, 도착이 늦어져서 식사시간을 놓칠 것 같다면 가는 길에 식사를 하자. 좀 더 편안한 캠핑을 즐기기 위해 가는 도중에 저녁식사를 하는 경우가 많다. 특히, 아이들과 함께라면 시간을 좀 더 체크할 필요가 있다. 어린아이들은 차를 타고 가는 도중에 잠을 자는 경우가 많은데 깊은 잠을 잔다면 깨울 수도 없다. 그대로 잠을 재워야 한다. 그러다보면 저녁도 먹지 못하는 경우가 발생하기도 한다.

캠핑장에서 첫 번째로 할 일은 텐트 설치다

야영장 도착,
이제 진짜 시작이다

짜증나는 정체를 견디고 드디어 야영장에 도착한 당신! 차창으로 들어오는 신선한 공기와 숲 냄새는 벌써부터 당신을 행복하게 한다. 바쁘게 흘러가는 일상의 시계가 야영장의 입구를 들어서는 순간 멈춰버리는 느낌을 받는다. 야영장 도착과 동시에 나를 힘들게 했던 그 일상은 거짓말처럼 사라지고, 느리지만 바쁘게 돌아갈 야영장의 삶이 시작되는 기분은 경험하지 못하면 알 수 없다. 당신도 이제 그 느낌을 공유하게 될 것이다. 야영장 도착과 동시에 첫 번째 해야 할 일은 무엇일까? 당연히 관리사무소를 찾는 것이다.

1 : 야영장 출입하기

국공립야영장 출입 절차

국공립자연휴양림이나 국립공원야영장과 같이 공공기관에서 관리하는 야영장은 사설 야영장에 비해 자연환경이 우수하다. 야영장 이용 요금도 저렴하므로 인기가 많다. 특히, 수도권 주변에 위치한 야영장은 계절에 상관없이 늘 주말 예약이 치열하다.

자연휴양림 같이 산속에 설치된 경우에는 관리사무소가 있는 입구의 위치가 도로에서 멀리 떨어져 있는 경우가 많다. 미리 정확하게 파악해두지 않으면 '내가 길을 잘못 찾았나?' 하는 착각을 하게 되므로 조심하자.

통고산 자연휴양림의 출입관리사무소

선착순 자리 배정 야영장

> 예약자 확인 > 자리 선택 > 이용료 지불(보증금 있음) > 쓰레기봉투 수령 > 사이트로 이동

선착순 자리 배정 야영장에서는 도착하는 순서대로 본인이 원하는 자리를 선택해야 한다. 예약 사이트에서 자리를 배정하는 시스템 존재 여부를 확인하면 된다. 그렇다고 너무 걱정할 것은 없다. 예를 들어 제2 야영장 201번을 선택해서 가보니 별로이면 내려와서 바꿔달라고 하면 된다. 단, 이용자가 없을 경우에 해당한다.

지정 사이트 예약 야영장

> 예약자 확인 > 이용료 지불(보증금 있음) > 쓰레기봉투 수령 > 사이트로 이동

인터넷으로 예약할 때 캠프 사이트를 미리 지정하는 야영장이다. 대다수의 국공립야영장이 이 시스템을 이용한다. 이런 시스템에도 장단점이 있다. 내가 좋아하는 사이트를 선점해서 편안하게 즐길 수 있는 장점이 있는 반면, 야영장의 환경을 잘 모르고 선택했다가 난감한 경우가 발생하는 단점도 있다. 한 번의 클릭 실수로 불편한 캠핑을 하게 될 수도 있으므로 조심해야 한다. 사전 정보 수집이 중요하다.

사설 야영장 출입 절차

> 예약 확인 > 이용료 지불(선입금하는 경우가 많다) > 쓰레기봉투 수령 > 사이트 이동 및 선택

개인이 운영하는 사설 야영장은 국공립 야영장과 같이 입구에서 차량을 통제하는 경우가 거의 없다. 서울 인근의 특정 야영장을 제외하고는 출입이 자유롭다. 일반적으로 안내를 받는 경우가 없기 때문에 야영장에 들어서면 가급적 천천히 이동하면서 관리사무실을 찾아본다.

라라솔 캠핑장의 관리동

단체 캠핑

사설 야영장은 대개 선착순 자리 배정으로 운영되는 경우가 많다. 일부 야영장은 전화로만 예약을 받아 자리를 배정받기도 하는데, 약속이 잘 지켜지지 않는 경우도 있다. 사설 야영장은 국공립과 달리 이용자의 의견에 민감하기 때문이다. 단체로 캠핑을 온 사람들이 내가 예약한 자리를 사용하겠다고 주장하는 경우가 있는데, 이때는 어쩔 수 없이 양보해야 마음이 편하다.

2 : 텐트를 설치하자

좋은 사이트 고르기

캠핑하기 좋은 사이트에 대한 개인적인 편차가 심한 이유는 취향이 다르기 때문이다. 소위 말하는 '떼캠핑'을 즐기는 사람들은 운동장 같이 여러 사람이 자유롭게 사이트를 구성할 수 있는 야영장을 선호하고, 숲에서 한적하게 자연을 즐기기를 원하는 사람들은 자연휴양림과 같이 한적한 숲을 선호한다. 전체적인 환경은 같더라도 세밀하게 선택하는 기준은 다르다. 최우선 선택 기준은 '화장실과 개수대에 얼마나 가까운 곳인가?'이다. 나는 좀 시끄럽다 하더라도 그런 사이트를 선호한다. 좋은 사이트의 선택 기준은 다음과 같다. 자신의 기준이 무엇인지 확인해 보자.

- 화장실, 개수대, 샤워실 등 편의시설과 가까운가?
- 목제 데크가 설치되어 있는가?
- 사이트에 차량 주차가 가능한가?
- 프라이버시가 보장되는 독립된 공간인가?
- 전기 사용을 위한 분전함이 가까운가?
- 주차와 사이트가 분리된 곳에서 이동 거리가 가까운가?

 ## 야영장의 바닥은 건축물의 기초와 같다

야영장의 바닥은 건축물의 기초와 같다. 기초가 튼튼해야 건축물이 안전하듯 얇은 천으로 구성된 텐트와 잠자리의 편안함은 밀접한 관계가 있다. 여름철이나 겨울철 캠핑에서 바닥의 종류는 캠핑에 많은 영향을 미친다.

 ## 쇄석 바닥

쇄석은 바위를 인공적으로 파쇄하여 만든다. 쇄석은 아니지만 자연적으로 만들어진 자갈이 더 좋을 수 있다. 쇄석과 같이 뾰족하지 않기 때문에 누웠을 때의 느낌이 좋다. 그러나 천연 자갈은 구하기 어렵다. 보통은 인공적인 쇄석을 사용한다.

우천 시 좋은 쇄석 바닥

장점
- 우천 시 배수가 잘된다.
- 비나 눈이 왔을 때 텐트의 오염이 적다.
- 유지관리가 쉽다.

단점
- 차량 이동 시 소음이 심하다.
- 암반의 종류에 따라 석면이 검출될 수 있다.
- 바닥모드 시 바닥 공사가 부실하면 등이 불편하여 잠을 이루기 어렵다.
- 팩을 고정하기가 어렵다(쇄석을 걷어내고 지면까지 내려가야 한다).

풍화토 바닥

풍화토란, 화강암이 풍화에 의해 흙이 된 것을 말한다. 일반적으로 '마사토'라고 부른다. 학교 운동장을 연상하면 알 수 있듯이 배수가 비교적 원활하지만, 쇄석에 비해 선호도가 떨어진다. 비가 오거나 눈이 내렸을 때 텐트 오염이 심한 편이다.

장점
- 부드러운 질감이 좋다.
- 팩을 고정하기가 쉽다.

단점
- 눈이나 비가 오면 텐트 오염이 심하다.
- 유지관리가 어렵다.

배수가 잘 안 되는 풍화토 바닥은 비가오면 불편하다.

 잔디 바닥

지금은 폐쇄되었지만, 춘천의 중도는 한때 캠핑의 성지라고 불렸다. 녹색의 잔디가 마치 유럽을 연상하게 해주는 멋진 곳이었다. 그곳의 바닥은 잔디였는데 완전한 잔디라고 하기에는 잡초가 좀 있었다. 그래도 푸르른 잔디 위에서의 캠핑은 그야말로 캠핑의 완성을 보여주는 듯했다. 요즘은 이런 잔디 바닥에서 캠핑을 하기가 힘들다. 일부 있다 하더라도 주인장의 철저한 감시(?)를 받아야 한다.

장점
- 자연에서 캠핑하는 기분이 든다.
- 여름철 바닥에서 올라오는 열기를 잘 차단해준다.

단점
- 장소에 따라 배수가 좋지 못하다. 물이 고인 곳이 발생한다.
- 유지관리가 어렵다.
- 차량 진입이 안 되는 곳이 많다.

잔디 바닥

데크(Deck)

최근 개장하는 국공립야영장의 추세는 '잔디블록+쇄석+데크'이다. 인공적으로 조성되는 평지의 야영장은 이런 형태가 바람직하다. 차량이 이동하는 곳은 쇄석으로 포장해 놓았기 때문에 배수가 좋다. 주차장에는 잔디블록을 깔아놓아 환경친화적인 느낌을 준다. 텐트를 설치하는 곳에는 나무나 플라스틱으로 만든 데크가 조성되어 있는데, 그 높이가 20cm 이하이기 때문에 비교적 안전하다.

장점
- 텐트의 오염이 적다.
- 잠자리가 평탄하여 편안한 수면이 가능하다.

단점
- 텐트 크기에 비해 데크가 작으면 난감하다.
- 경사진 곳에 설치한 데크의 경우, 높이가 높아지기 때문에 위험하다.

국립공원 야영장

자연휴양림 데크

쾌적함을 부탁해

사이트가 정해지면 차량을 적당한 위치에 주차하자. 차량에서 장비를 하차할 수 있는 공간을 잘 찾아서 주차해야 한다. 야영 장비의 핵심인 텐트를 설치하기에 앞서 그라운드시트를 설치해야 한다. 그라운드시트란, 지면과 텐트 바닥 사이에 설치하는 방수 성능을 가진 천을 말한다. 그라운드시트의 유무에 따라 겨울철 내부 온도는 약 2~3도 정도 차이가 난다. 바닥에서 올라오는 차가운 기운을 그라운드시트가 어느 정도 차단해주기 때문이다. 그라운드시트 없이 지내면 바닥에서 올라오는 습기가 텐트 내부 천정에 이슬처럼 맺힌다. 이것이 지상으로 떨어지면 오염이 되기도 한다.

동계캠핑에서 거실텐트 내부에 그라운드시트가 필요한지는 바닥에 따라 다르다. 쇄석 바닥으로 된 야영장은 큰 불편이 없지만, 잔디나 풍화토로 된 야영장에서 동계캠핑을 해보면 그 차이를 확연히 알 수 있다. 거실텐트 내부의 온도가 올라가면 얼었던 지면이 녹기 시작하고, 시간이 흐를수록 진흙탕이 되는 경우가 많다. 이런 현상을 방지하는 데 필요한 것이 그라운드시트다.

그라운드시트가 설치된 거실텐트 내부

 바닥 공사는 수면의 질을 좌우한다

오토캠핑을 열심히 다니던 시절의 이야기다. 낮에는 덥고, 밤에는 조금 선선한 6월 말경의 어느 주말에 캠핑을 갔다. 전기요를 가져갈까 고민하다가 날씨가 그리 춥지 않을 것 같아서 그냥 집에 두고 갔다. 그날 바닥은 다음과 같이 구성했다.

> 그라운드시트 > 텐트 설치 > 발포매트 > 침낭

한기는 전혀 느껴지지 않고 느낌 좋은 바람이 얼굴을 스치는 그런 날이었다. 그런데 잠을 이루지 못했다. 등이 차가웠기 때문이다. 이때 사용한 침낭은 코스트코(COSTCO)에서 구매한 솜으로 속을 채운 저렴한 침낭이었다. 이 침낭을 발포매트 위에 깔고 잠을 청했는데, 바닥에서 올라오는 차가운 기운 때문에 온 식구가 잠을 청할 수 없었다. 결국 밤새 뒤척이다 새벽이 다 되어서야 잠을 잘 수 있었다.

이너텐트 내부

매트와 바닥 시트를 더한 이너텐트 내부

나중에 안 사실이지만 발포매트는 그리 두껍지 않다. 겉으로 보기에는 돌출된 부분이 아래위에 있어서 눈으로 보기에 두께가 1.5cm 남짓으로 보이지만, 실제로 자세히 보면 0.7cm 정도에 불과하고, 그것도 사람의 무게에 의해 눌려지면 더 얇아진다. 그 다음 캠핑에서는 발포매트 위에 두께 약 3cm 정도의 자충식에어매트를 추가하여 잠을 청해 보았다. 편안하게 잠을 잘 수 있었다. 그래도 한기가 살짝 느껴지는 것은 어쩔 수 없었다. 다음 캠핑에서는 전기요를 사용했다. 발포매트 위에 전기매트를 설치하고 온도를 약간 올렸더니 편안하게 잠을 잘 수 있었다. 그 이후 나는 한여름 즉 7, 8월에만 전기요를 사용하지 않고, 나머지 시즌에는 항상 전기요를 사용한다. 이와 같이 바닥의 단열(텐트도 일종의 집이므로)은 굉장히 중요하다. 국내에서는 그리 통용되지는 않지만, 외국의 매트 제품은 R 밸류라는 일종의 단열계수 혹은 열에 대한 차단지수를 나타내고 있다. 비교적 편안하게 잠을 청하기 위해서는 R 밸류가 4.0 이상이어야 한다. 동계에 단독으로 사용해서 R 밸류 5.0 이상의 차단 성능을 가지는 제품은 보통 고가로 판매되고 있으며, 수납에 큰 문제가 없다면 발포매트+자충식에어매트 혹은 텐트 전용 이너매트+발포매트 정도로 바닥을 처리하면, 별도의 난방이 없더라도 봄과 가을 시즌에도 편안한 수면을 취할 수 있다. 요즘 야영장 포장재로 많이 사용되는 쇄석 바닥은 과하다 싶을 정도로 바닥 공사를 해주어야 등배김이 없다. 무턱대고 '이 정도면 되겠지'라고 생각해서 발포매트 한 겹으로 바닥을 마무리하면 등이 배겨서 잠을 잘 수 없다는 것을 명심하자. 전기 사용이 가능한 곳에서 캠핑을 하기로 했다면 전기요는 반드시 챙기도록 하자. 바닥의 재질이 무엇인지 미리 파악해서 가급적 데크를 이용하거나 쇄석 포장의 경우 집에 있는 매트는 모두 가지고 가서 바닥을 두껍게(최소한 3cm 이상) 처리하자.

R 밸류가 높은 제품은 단독 사용이 가능하다.

🏕 햄릿의 고민, 텐트와 타프의 선두다툼

야영장에 도착해서 늘 고민하게 되는 문제는 '텐트를 먼저 설치할 것인가', '타프를 먼저 설치할 것인가?'이다. 야영장의 효시라 할 수 있는 자라섬야영장, 한탄강야영장과 같이 공간이 한정되어 있고, 구획이 잘되어 있는 곳에서는 별다른 고민을 하지 않아도 된다. 텐트 자리에 텐트를 설치하고, 타프를 설치하면 되기 때문이다.

구획이 잘되어 있는 캠핑장

자유로운 사이트 구성

잔디로 구성된 넓은 들판이나 이와 비슷한 형태로 구성된 사설 야영장에서는 이야기가 다르다. 바닥에 줄로 표시는 되어 있지만 어떻게 설치하느냐에 따라 전반적인 사이트의 형태가 달라지기 때문이다. 이런 상황이라면 우선 타프를 먼저 설치하는 것이 유리하다. 텐트와 달리 타프는 포스트를 세우고 스트링을 이용하여 고정하기 때문에 타프의 수평 투영 면적에 비해 대략 2m 정도 돌출되어 팩으로 고정한다. 만약, 텐트를 먼저 설치하면 자유롭게 타프의 스트링을 고정할 수 없게 되고, 타프의 생명인 각도 잘 살아나지 않는다. 따라서 평지, 즉 자유로운 사이트 구성이 가능한 곳에서는 타프를 먼저 설치한 후에 텐트를 옮겨 가면서 위치를 잡도록 하자.

3 : 편리하고 안전하게 즐기자

 안전하고 편리한 사이트 구성하기

콜맨이나 스노우피크에서 매년 발간되는 제품 카탈로그에는 다양한 사이트 구성 사진이 실려 있다. 멋진 풍경을 배경으로 원액선테이블과 체어로 구성된 사이트의 풍경은 당장이라도 그곳으로 달려 가고 싶다는 충동을 불러 일으킨다. 그런 멋진 사이트를 구성하는 것은 쉽지만, 비용이 많이 든다. 큰돈을 투자하지 않더라도 최소한의 장비 구성을 통해 간결하면서 운치가 있는 사이트를 구성할 수 있다. 무엇보다도 안전하고 편리한 사이트를 구성하는 것이 최선의 방법이다.

여름철 캠핑 사이트 구성의 기본

돔텐트 앞 사이트 배치 예시

T자형 배치된 사이트

위의 그림처럼 텐트의 입구에 T자 형태로 테이블, 아이스박스, 스토브, 키친테이블을 구성하는 것이 가장 기본적인 사이트 구성 방식이다. 이런 형태의 장점은 사이트에 호스트가 앉아서 요리와 음식 제공을 같이 할 수 있는 점이다. 아이스박스에서 재료를 꺼내 스토브에서 요리를 하고 동시에 가족이나 손님에게 앉아서 음식을 제공하는 데 큰 불편이 없다. 만약, 이 상태에서 테이블을 연속으로 설치하면 대가족캠핑에도 편리하다는 장점이 있다.

여름철에는 다음 그림과 같이 렉타타프를 이용한 사이트 구성을 추천한다. 앞에서 설명한 바와 같이 렉타타프를 먼저 설치한 후에 타프의 끝에 텐트의 입구가 살짝 걸치듯이 설치하면 된다. 이런 형태는 우천 시에 편리하다. 텐트에서 비에 맞지 않고 리빙 공간, 즉 타프 아래에 바로 진입할 수 있기 때문이다.

돔텐트와 렉타타프 구성 예시

🏕 동계캠핑 사이트 구성의 기본

동계캠핑에서 렉타타프를 사용하는 일은 많지 않다. 대부분 투룸 형태의 거실텐트에서 수면과 식사를 모두 해결하는 형태이다. 여름철 사이트 구성의 기본적인 형태인 T자 배치를 그대로 적용한다. 텐트 내부 공간이 그리 넉넉하지 않으므로 여름철에 사용하는 큰 테이블보다는 조금 작고 낮은 테이블을 이용하는 것이 좋으며, 의자의 경우도 가급적 부피가 작은 BBQ체어를 이용하는 것이 좋다. 겨울철에는 거실텐트 내부에 팬히터나 석유난로를 배치하므로 화재의 위험성이 높다. 따라서 가구 간의 간격을 조정하여 화기가 직접적으로 테이블이나 의자에 닿지 않도록 주의해야 한다.

거실텐트 내부 배치 예시

여름철과 달리 키친테이블 같은 부피가 큰 장비는 가급적 제외하고 그 공간에 팬히터나 난로를 배치하는 것이 좋다. 아이스박스는 사계절 필요한 장비다. 겨울철 추운 날씨로 인해 부식 재료가 냉동이 되므로, 이를 방지하기 위해서 아이스박스를 적절하게 이용하도록 하자. 일종의 부식 보관 장소라고 생각하는 편이 좋겠다.

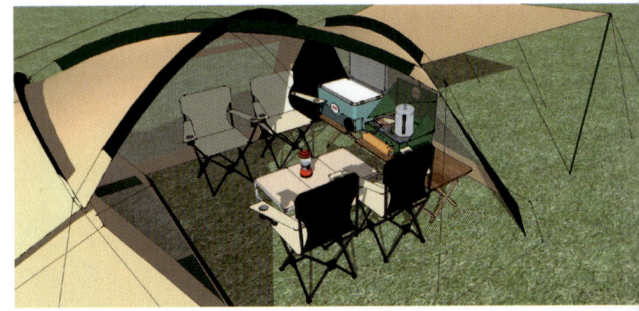
4인 기준 내부 배치 예시

🏕 랜턴은 여러 개가 필요해요

캠핑에 필요한 랜턴은 여러 개 있는 것이 좋다. 다양한 상황이 발생하기 때문이다.

- **야간 작업을 도와주는 헤드랜턴**: 금요일 밤에 야영장 도착하여 사이트 설치를 할 때의 필수 장비다.
- **이너텐트에 필요한 작은 전기랜턴**: 사이트 전체를 비추려면 LED랜턴을 이용해도 되지만, 어른들은 밖에 있고 아이들이 텐트에 있는 경우, 작은 전기랜턴이 필요하다.
- **리빙 공간을 밝게 비추는 랜턴**: 타프 밑을 비추거나 거실텐트에서 리빙 공간을 밝게 해주는 랜턴이 필요하다. 전기를 사용할 수 있다면 철물점 같은 곳에서 파는 작업등도 유용하다.
- **테이블 위를 밝게 하는 LED랜턴 혹은 가스랜턴**: 일종의 무드랜턴이 필요하다. 에티켓타임 혹은 심야에 밝은 랜턴을 사용하면 주위에 민폐를 끼친다. 나는 코베아에서 판매하는 티탄랜턴을 사용한다. 밝기도 적당하고 캠핑의 느낌을 주기 때문이다.

- **사이트 전체를 비추는 대형 랜턴:** 콜맨 노스스타가 이 용도에 맞다. 요즘은 LED랜턴이 잘 만들어져서 밝기도 밝으므로 굳이 불편한 노스스타까지는 필요 없겠지만, 여름철 날벌레를 유인하기 위해서라도 리빙 공간에서 조금 떨어진 거리에 노스스타를 밝혀두는 것이 좋다. 빛을 좋아하는 날벌레들이 노스스타에서 산화한다.

페츨 헤드랜턴 　　무드랜턴 　　LED랜턴 　　무드랜턴 　　베이퍼럭스랜턴

 ## 안전, 아무리 강조해도 부족하다

우리는 안전에 대한 경각심이 부족해서 지난 시절 슬픈 일들을 많이 겪었다. 인정하기는 싫지만 캠핑이 위험한 레저인 것만은 분명하다. 아이에게 상처를 줄 위험한 도구들이 도처에 있고, 익숙하지 못한 자연환경도 안전을 위협한다. 특히, 동계캠핑에는 난방 기구에 의한 질식사와 화상이 비일비재하게 일어난다. 1년에 한 번은 야영하다 사고로 사망하는 사람이 있다. 안전한 캠핑을 위해서는 늘 조심하고 예방하는 것이 최선이다.

안전한 캠핑이 중요하다.

■ **캠핑 안전 수칙**
- 지나친 음주는 금물
- 텐트 내부 숯불 금지: 산소가 부족해져 순식간에 사고를 당할 수 있다.
- 환기는 기본: 추운 계절이라도 환기구 개방은 필수
- 전기요 사용 주의: 접히거나 무거운 물건으로 누르면 과열로 인한 화재 위험이 있다.
- 화로대의 잔불 정리 철저
- 스트링에 아이들이 넘어지지 않도록 주의: 시인성 있는 재료로 마감
- 때론 돌아오는 것도 좋은 방법: 국지적인 기상 악화가 발생하면 무리하지 말고 집으로 돌아오는 것이 상책이다.
- 어린이는 빨간 신호등: 주차된 차 사이에서 아이들이 놀기도 한다. 차량 이동 시 안전에 유의해야 한다.
- 물놀이 시즌에는 늘 주시하자: 아빠, 엄마 중 누구라도 아이 옆에서 감시를 해야 한다. 야영장 내의 수영장에는 안전 요원이 없다.
- 간단한 구급함은 필수: 해열제, 소화제, 소독제, 밴드, 파스, 거즈, 지사제 등의 응급 의약품은 반드시 준비해야 한다.
- 뜨거운 램프 조심: 나일론 재질로 된 텐트 천은 손쉽게 파손된다.
- 음식 조리 시 코펠의 잔열 조심: 무심코 코펠을 텐트 바닥에 올려 손상을 입는 경우가 있다.

즐거웠나요?
이제 집으로

이제 당신의 아름답고 황홀한 첫 캠핑의 마지막 날이다. 금요일과 토요일, 시간이 어떻게 지났는지 모를 정도이다. 아이들도 좋아하고 아내도 매우 만족해한다. 이렇게 생각하고 일요일의 푸근한 아침 잠을 자도 상관없다. 당신은 지난 시간 치열하게 살았기 때문이다. 잠시의 여유를 가지고 주말의 단잠을 즐겨보자. 다만, 귀가를 해야 한다는 것을 잊지 말자. 시간에 쫓겨 서두르면 즐거웠던 기분을 망치게 된다. 무엇부터 정리할 것인지, 언제 출발할 것인지 등을 차분히 생각한 후에 움직이면 즐거운 기분을 끝까지 유지할 수 있다.

철수 준비

1 : 철수는 설치의 반대

철수의 원칙은 간단하다. 설치할 때의 순서와 반대로 하면 된다. 기상과 동시에 침낭을 정리하자. 자신의 침낭과 에어매트 등을 미리 정리하면 한결 수월해진다. 철수 전날 저녁에 조금 귀찮더라도 설거지를 미리 해두면 철수하는 날 아침에 좋은 느낌으로 출발할 수 있다. 캠프의 새벽이나 아침 기분을 느끼는 것 역시 중요하다. 커피 한 잔을 준비한 후 사이트를 둘러보면서 머릿속에 순

침낭 말리기

서를 정해보자. 잠시 후 가족들이 기상하면 텐트로 들어가 나머지 침구를 정리하고, 캐리백이나 트렁크에 미리 수납한다. 아침식사가 마무리되면 미리 생각해둔 순서에 맞게 정리한다.
철수 시 장비를 정리할 때는 차량을 최대한 사이트에 근접하게 이동하는 것이 도움이 된다. 외부에 나와 있는 장비가 최소화되기 시작하면 마음도 가벼워진다. 마지막으로 텐트를 정리한다. 만약, 남은 음식이 있다면 의자와 테이블 혹은 돗자리를 펴고 그 위에서 마무리하면 된다.

철수 시 남은 음식 처리하기

보통 철수 시에 간단히 점심을 해결한다

2 : 다음 캠핑을 부탁해

캠핑을 마치고 무작정 집으로 귀가하는 것은 다음 캠핑을 위해서 피해야 한다. 철수 시에 각종 장비를 점검하고 잘 정리하는 것만으로도 다음 캠핑 준비의 반은 끝냈다고 할 수 있다. 귀가한 후에는 장비 점검을 하기가 어렵다. 야영장에서 장비를 정리하면서 상태를 점검하고 체크를 하는 것이 실질적인 도움이 된다. 사후에 관리해야 할 항목들을 정리하면 다음과 같다.

장비 점검은 필수

- 텐트 고정용 팩 정리: 준비한 걸레로 묻은 흙을 정리한다.
- 폴: 바닥에 묻은 흙을 청소한다.
- 코펠: 설거지를 마치고 완전히 건조시킨다.
- 침낭: 볕이 좋으면 일광욕을 해준다.
- 텐트: 바닥에 습기가 묻어 있으므로 거꾸로 하여 말려준다. 머드스커트에 묻은 흙은 털어내고 습기가 묻어 있으면 말려준다.
- 스트링: 다음 캠핑에서 바로 사용할 수 있도록 정리한다.
- 석유 및 가스랜턴: 글로브의 파손 유무를 확인하고 닦아준다. 불을 밝혀주는 심지가 파손되지 않았는지 확인한다. 여분의 심지가 있는지도 확인한다.

돔텐트 설치 사례 – 노스이글 프론트라운지

① 텐트 가방을 개봉하고 부속품을 펼친다.

텐트 개봉 및 펼치기

② 설명서에 있는 부속품이 모두 있는지 확인한다.

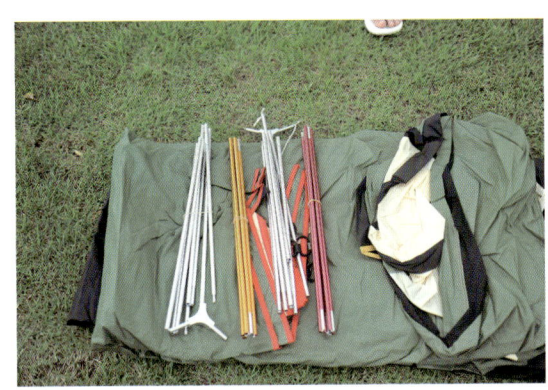
부속품 확인

③ 폴과 플라이를 펼친다. 이때 바람이 분다면 모서리에 팩을 박아둔다.

폴 및 플라이 펼치기

❹ 지정된 색상의 구멍에 폴을 삽입한다.

폴 삽입 1

❺ 폴을 삽입하면서 형태를 확인한다.

폴 삽입 2

❻ 아일렛 혹은 클립에 폴을 고정한다.

아일렛 고정

❼ 순서에 맞게 폴을 삽입한다. 보통 구분을 위해 색상을 달리하는 경우가 많다.

중간 폴 삽입

❽ 폴 삽입이 끝나면 후크를 걸어준다.

후크 걸기

❾ 팩을 고정한다. 가급적 끝까지 박는 것이 좋다.

팩 고정

❿ 중간 부분의 팩을 고정한다.

팩 고정

⓫ 이너텐트를 설치한다. 보통 고리 형태로 되어 있다.

이너텐트 설치 1

⓬ 하부를 먼저 고정한 후에 상부를 고정한다.

이너텐트 설치 2

⑬ 폴과 함께 고정하는 형식이다.

이너텐트 설치 3

⑭ 설치가 완료되었다면 단단하게 고정되었는지, 빠진 부분은 없는지 다시 한 번 체크한다.

완성된 형태

즐기기

거실텐트 설치 사례 – 프라도 벤타나 텐트

❶ 텐트의 수납 가방을 준비한다.

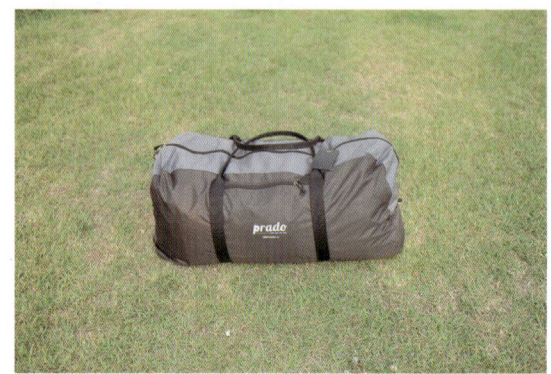

수납 가방

❷ 플라이와 이너텐트, 폴가방, 팩가방을 확인한다.

부품 펼치기

❸ 보통의 경우, 수납용 가방에 설치 설명서가 붙어 있으므로 사전에 읽어본다. 힘을 강하게 주면 폴이 부러지므로 주의한다.

설명서

❹ 벤타나텐트의 경우, 동일한 길이 3개와 길이가 긴 폴 1개, 그리고 플라이를 들어올리는 업라이트 폴 2개로 구성되어 있다.

폴

❺ X자로 교차되는 곳에 폴을 삽입한다. 이너텐트가 설치되는 부분이다. 입구의 반대 방향이므로 설치할 때 위치를 잘 잡도록 한다.

폴 삽입 구멍

❻ 폴을 천천히 삽입한다.

폴 삽입

❼ 폴을 삽입하고 아일렛에 끼운다.

아일렛

❽ 입구 쪽 폴을 삽입하면 다음과 같이 자립된다.

세우기

❾ 중앙부에 빨간색 폴을 삽입한 후 양 끝에 팩을 박아 형태를 잡아준다.

형태 잡기

❿ 각 텐트에는 '스톰가드'라는 바람에 대비한 스트링을 설치하도록 되어 있다. 귀찮더라도 스트링은 항상 설치해야 한다. 갑작스러운 강풍에 취약한 것이 거실텐트의 특징이다.

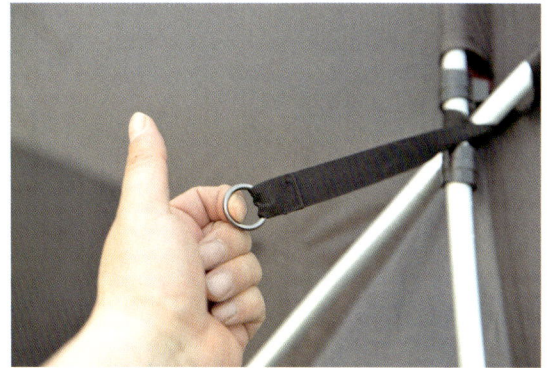
스트링 설치

⓫ 팩다운을 마친 상태다.

팩다운

⓬ 내부에 이너텐트를 설치할 준비를 한다.

이너텐트 설치

⓭ 상부에 이너텐트 고리를 연결한다.

이너텐트 걸기

⓮ 각 코너마다 있는 후크를 플라이에 연결한다.

코너 고정

⓯ 텐트에 따라 플라이와 같이 팩에 고정하는 경우도 있으므로 바깥쪽에서 이너텐트를 고정한다.

코너 고정

❶❻ 이너텐트가 완성되었다.

이너텐트 완성

❶❼ 최종적으로 잘 설치되었는지 다시 한 번 체크해본다.

완성된 형태

즐기기

CAMPING 7

캠핑, 더 재미있게 즐기기, 그리고 계속하기

지속가능한 캠핑에 대해서 풀어본다. 캠핑의 시작부터 기록하고 점차 진화되는 캠핑 모습을 알아보자. 블로그 작성부터 카페 활동에 이르기까지 캠핑을 더 재미있게 그리고 오래 하는 방법을 알아본다. 당신도 이제 캠핑 파블이 될 수 있다.

캠프의 아침

이제 여러분은 캠핑의 고수가 되었다. 처음에는 생소했던 야영 장비에 대한 공부도 열심히 했다. 마음에 드는 야영장을 골라 캠핑도 했다. 첫 캠핑에서 생각하지도 못했던 고생을 해서 더 이상 이 힘든 일을 하지 않겠다고 마음 먹었을 수도 있다. 하지만 곰곰이 생각해보니 캠핑이 하고 싶어서 또다시 야영장을 고르고 예약을 했을 것이며, 지금쯤 4~5번의 캠핑 경험을 하였을 것이다.
캠핑 고수와 초보의 차이는 한 번이라도 해봤느냐, 해보지 않았느냐의 차이다. 자연의 위대함 앞에 자만하면 안 되겠지만, 안전한 지역에서 캠핑을 한다는 전제하에 스스로 그렇게 생각해도 된다고 생각한다.

야영장에서 즐길 수 있는 놀거리를 찾자

1 : 등산

캠핑을 즐기는 사람들이 선호하는 곳에 대해 조사한 적이 있다. 대부분은 자연환경이 수려하고 숲이 우거진 곳을 선호한다. 캠핑과 등산은 그만큼 밀접한 관련이 있다.

요즘은 오토캠핑을 넘어 백패킹이 유행하고 있다. 백패킹은 하룻밤만 자고 식사를 할 수 있는 최소한의 장비를 배낭에 집어넣고 자신만의 신체를 이용하여 트레킹을 즐기고 야영지를 찾아

동계 백패킹

잠을 자며 자연과 하나가 되는 멋진 캠핑 방법이다. 물론 법적인 한계가 있어서 경계를 넘나드는 위험이 존재한다. 그럼에도 불구하고 백패킹은 호쾌한 레저 활동의 한 방법이고, 그 중심에는 역시 등산이라는 활동이 있다. 자연휴양림은 대개 산 중턱에 위치하고 있는 경우가 많다. 자연휴양림의 야영장을 베이스캠프로 해서 가벼운 트레킹 혹은 정상을 다녀오는 것이 좋다. 대부분의 자연휴양림은 이름난 산자락에 위치

산 정상의 캠프

하고 있고, 국립공원야영장도 훌륭한 곳에 위치하고 있는 경우가 많다. 평소 등산을 즐긴다면 1박2일 내지 2박3일 일정으로 산과 가까운 야영장으로 떠나보자.

등산을 주 목적으로 하여 캠핑을 하는 경우에는 최대한 간편하게 준비를 해서 가자. 음식물도 간단하게 준비하여 부담이 없도록 하자. 사설 야영장을 잘 검색해보면, 유명한 등산로 가까운 곳에 위치한 경우도 많다. 다만, 국립공원의 경우 민간인이 야영장을 설치하더라도 별도의 고시가 없는 경우 야영 행위를 금하고 있으므로 등산로에 인접한 사설 야영장은 거의 없다. 따라서 조금 떨어진 거리에서 야영을 하고 차량을 이용하여 이동하는 방법도 고려해보는 것이 좋다.

동계캠핑

🏕 등산을 겸한 캠핑에 추천하는 텐트

힐레베르그 알락텐트

니모 갤럭시 2P

블랙다이아몬드 피츠로이

🏕 등산에 최적화된 좌식모드를 편안하게 해주는 장비들

트레킹 테이블과 스토브와 코펠이 일체화된 장비는 좌식모드를 편리하게 해준다.

백패킹용 온수 보일러

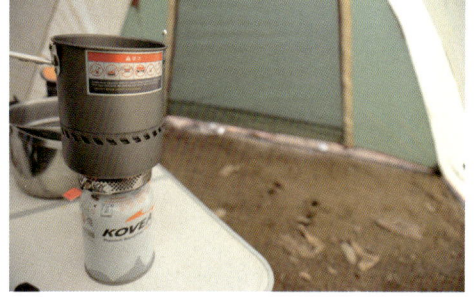
MSR 리액터

🏕 휴양림 데크 사이트 구성하기

2인용 알파인텐트를 모퉁이에 설치하고 측면에 미니타프(Tarp)를 구성해본다. 주변 사람들의 시선을 차단하고 그늘을 형성하기 위해서는 방향을 선정하는 것이 좋다. 손님이 올 것에 대비해 낮은 우드체어 하나쯤 챙기는 것도 나쁘지 않다. "데크 구성 예시"에서 데크 크기는 가로, 세로 4.5m 정도다. 일반적인 자연휴양림의 데크는 가로, 세로 3.6m 정도이고, 최근에는 그 크기가 커지고 있는 추세다.

알파인텐트의 전실 쪽에 미니타프를 구성하면 시선 차단 효과가 있다. 비가 만약 오더라도 비를 맞지 않고 출입이 가능한 구성이다. 데크의 여유가 있다면 야전침대를 놓아보자. 짐을 정리하기 좋고 의자 대용으로 사용하기에도 좋다.

데크 구성 예시

데크 위 텐트

2 : 자전거

자전거는 대중적인 아웃도어 레저다. 최근에는 폭발적인 성장세를 보여주는 분야다. 경제력이 있는 사람들은 대당 수백만 원의 자전거를 구매하여 사용하기도 한다. 자전거를 이용하여 이동하고 캠핑하는 바이크캠핑(Bike Camping)도 최근 각광을 받고 있다. 자전거를 이용한 캠핑뿐만 아니라 차량에 자전거를 거치하여 장거리 이동 후 야영장에 베이스캠프를 마련하고, 자전거를 이용하여 야영장 주변을 유람하는 것도 좋은 방법이다.

자전거용 트레일러

자전거캠핑의 필수품 여행용 자전거

장거리를 이동해야 하는 여행용 자전거는 전문 브랜드에서 판매하는 방식과 일반 자전거를 개조하여 여행용으로 사용하는 방식이 있다. 여행용 자전거의 핵심은 튼튼한 프레임과 안락한 구조, 그리고 캠핑에 필요한 장비를 수납할 수 있는 페니어다.

트레일러

여행용 자전거의 명품인 코가

자전거캠핑에 최적화된 텐트 찾기

자전거캠핑에 좋은 것은 전실이 있는 텐트이다. 텐트는 '투어링'이라는 상표명으로 나오기도 하는데, 대표적인 제품은 콜맨 투어링텐트다. 이렇게 전실이 강조되는 것은 거실텐트와 같은 거대한 텐트를 자전거에 싣고 움직이는 것이 불가능하기도 하고, 텐트만으로 사이트를 구성하면 식사 준비가 어려워지기 때문이다. 물론 타프를 이용하면 좋겠지만 쉽게 설치하고, 쉽게 철수하기 위해서는 전실이 있는 텐트가 유리하다.

콜맨 투어링텐트는 자전거 여행에 적합하다

자전거캠핑에 좋은 장소

서울의 경우, 한강을 따라 설치된 자전거길을 이용하는 것이 편리하고 안전하다. 북한강을 따라 설치된 캠핑장을 이용해보자.

가야캠핑장 　　　　　　　　　　　　　　　　한강 자전거길

3 : 카누

낭만 가득한 호연지기를 기르는 카약과 빠른 물결을 건너며 나아가는 카누는 최근 그 이용자가 급격히 증가하는 추세다. 야외에서 하는 레저 활동인 만큼 캠핑에 추가하는 활동으로 추천할 수 있다.

카누 타기

 카누캠핑 준비하기

카누캠핑의 준비는 최소한의 짐을 준비하는 것이다. 카누는 400kg 정도를 수용하기 때문에 많은 장비는 위험할 수 있다. 만약에 대비하여 방수가 되는 드라이백(Dry Bag)에 짐을 수납하는 것이 좋다. 그래서 백패킹을 위한 야영 장비가 좋은 수단이 된다.

국내에서 카누를 정식으로 배울 수 있는 곳은 그리 많지 않다. 호반의 도시 춘천 물레길은 그중 가장 유명한 곳이다. 물레길 사무소(http://www.mullegil.org)에서는 자신의 카누를 제작할 수 있고, 체험도 가능하다.

- 알파인텐트
- 트레킹체어
- 트레킹테이블
- 에어매트
- 보온 성능이 좋은 침낭
- 카누를 배우는 곳

 카누캠핑의 최적지

카누캠핑의 최적지로 추천할 곳은 춘천호반이다. 춘천댐으로 인해 생성된 붕어섬과 지금은 공사 중인 중도는 카누캠핑의 최적지라고 할 수 있다.

물레길

나만의 캠핑 역사 만들기

힘들게 준비한 당신의 첫 캠핑, 그 기록을 남기셨는지? 요즘은 스마트폰의 기능이 좋기 때문에 간단히 각자의 SNS에 사진을 남겨 기록을 대체한다. 처음 몇 번의 캠핑은 그렇게 흘러가고 당신은 조금씩 목마름을 느끼게 된다. 인터넷으로 조금만 검색해보면 캠핑 기록을 남긴 블로그를 무수히 볼 수 있고, 각종 카페에서도 그런 후기들을 볼 수 있다. 나도 첫 캠핑의 기록은 얼마 남아 있지 않다. 캠핑을 시작할 때 정보를 동호회 카페에서 얻었기 때문에 무엇을 기록하고 사진으로 남길 것인지에 대한 방향은 가지고 있었다. 모든 시작이 그렇듯 처음은 미약하나 점점 관록이 쌓이면 나름의 철학이 생기게 되고, 절차도 만들어진다. 당신이 캠핑을 어떻게 시작했든지, 그 기록을 남겨서 그때를 기억할 수 있도록 해보자.

춘천 중도

1 : 캠핑을 기록하자

캠핑을 기록하는 데에는 사진을 촬영하고 그것을 어디엔가 기록으로 남기는 방법이 있다. 요즘 스마트폰을 이용하는 사람이라면 페이스북, 카카오스토리, 인스타그램 등 자신만의 SNS 계정을 가지고 있다. 이곳에 간단히 사진을 올리고 캠핑을 다녀왔다고 하면 그것으로 끝이다. 크게 힘들이지 않고 간단하게 기록할 수 있다. 그러나 이런 형식은 내가 나중에 그것을 찾아보기가 어렵다는 단점이 있다. 개인적으로 블로그를 추천한다. 블로그는 카테고리를 나눌 수 있다는 장점이 있다. 캠핑 후기에 대한 포스트를 따로 모아 한눈에 살펴볼 수 있다.

소니 미러리스 카메라

캠핑용 카메라 선택하기

스마트폰과 동거동락 렌즈형 카메라

'간단하게 스마트폰을 이용한 기록을 남기기 위해 스마트폰의 성능보다 좋은 카메라를 부착할 수 있다면?'이라는 아이디어에서 출발한 재미있는 기능의 카메라가 있다. 그 예로는 SONY의 렌즈스타일 카메라 'DSC-QX10'을 들 수 있다.

SONY DSC-QX10

SONY DSC-QX10

SONY의 렌즈형 카메라는 스마트폰에 부착한 후 스마트폰과 WIFI/NFC 기능으로 연결하여 스마트폰의 화면을 보면서 촬영한다. 이 카메라의 또 다른 기능은 렌즈를 삼각대에 부착하여 평소 촬영하기 어려운 구도에서의 사진 촬영도 할 수 있다. 한마디로 아웃도어에 활용하기 좋은 카메라다. 따라서 캠핑용으로 적합하다고 할 수 있다.

카메라 일체형 콤팩트 카메라

가장 보편적인 디지털카메라는 렌즈 일체형의 콤팩트카메라다. 가격도 비교적 저렴하고 가벼워서 캠핑 사진에 적합하다. 이런 종류의 중저가 카메라를 선택하는 데 있어 가장 중요한 요소는 렌즈의 밝기와 초점 거리다. 캠핑 사진의 경우 야간에 촬영하는 경우가 많은데, 이때를 대비하여 가급적 F값이 어느 정도인지 반드시 살펴보자. F1.8이면 매우 좋고 F2.4 정도이면 적당하다. 그리고 초점 거리도 중요하다. 풍경 사진을 촬영하게 되는 캠핑 사진의 경우, 가급적 광각 렌즈가 부착된 카메라가 좋다.

Nikon 쿨픽스 330

올림푸스 1.8 XZ-1

렌즈 교환이 가능한 미러리스 카메라

렌즈 일체형 디지털카메라의 화질과 구도에 점차 불만을 느끼는 시기가 찾아오면 점차 렌즈 교환이 가능한 미러리스 카메라에 관심을 가지게 된다. 캠핑 사진은 인물 사진과 풍경 사진이 대부분이다. 텐트나 장비 사진을 촬영하게 되는 경우도 있는데, 이렇게 종류가 다른 유형의 사진을 촬영할 때는 렌즈의 초점 거리가 중요하다. 그래서 사람들은 렌즈의 초점 거리에 민감해진다.

교환이 가능한 렌즈는 일안리플렉스 DSLR 카메라에 적

SONY A5000

용하는 것이 보통이지만, 최근에는 부피가 작게 제작된 미러리스 카메라에도 적용할 수 있다. 캠핑용으로 좋은 미러리스카메라의 예로는 소니의 A5000, 캐논의 EOS-M을 들 수 있다. 표준 렌즈에 더하여 밝은 광각렌즈를 추가하거나 망원까지 커버되는 줌 렌즈를 추가하면 캠핑 사진을 기록하는 데 적당하다.

Canon EOS M

 전문가가 되어보자, 하이엔드 혹은 DSLR

캠핑을 기록하기 위해 여러 카메라를 경험했다가 최종적으로 정착하는 것은 보통 DSLR로 불리는 하이엔드급 렌즈 교환식 디지털카메라다. 이런 카메라는 보디(Body) 자체만으로도 수백만 원을 하고, 렌즈도 비싼 렌즈의 경우 100~300만 원을 넘는다. 따라서 특별히 사진을 취미로 삼겠다는 욕심이 없다면 아예 길을 나서지 않는 것이 좋다. 캠핑에서의 즐거운 순간을 기록할수록 사진에 대한 욕심을 점차 강해진다. 나도 역시 지금 소개하는 카메라의 순서대로 과정을 밟아왔다.

Canon 5D-Mark III

캐논의 대표적인 풀프레임 카메라인 Canon 5D-Mark III다. 블로그를 하는 캠퍼에게 일종의 로망인 제품이다. 다양한 렌즈군을 자랑하고 구도만 잘 맞추어도 사진의 느낌이 매우 훌륭하게 살아나는 좋은 카메라다. 캐논에서는 이 아래의 클래스로 다양한 DSLR이 출시된다. 자신의 스타일과 자금력에 맞게 선택해보자. 특히, 렌즈의 경우 처음에는 표준 줌 렌즈를 사용하는데, 점차 광각렌즈와 표준 단렌즈에 관심을 가지게 될 것이다. 앞에서 이야기했듯이 어떤 피사체를 촬영할 것인지에 초점을 맞추고 자신이 필요로 하는 렌즈를 선택하자. 이런 방식이 싫다면 F2.8 24-70mm, 70-200mm의 줌 렌즈를 선택하는 것도 한 가지 방법이 될 수 있다. F2.8 24-70mm는 풍경에서 인물 사진, 즉 사이트 전체를 촬영하기에 좋고, 아이들의 행복한 모습을 촬영하기에도 좋다.

Nikon D810

캠핑을 기록하는 블로거

니콘의 대표 DSLR은 D810이다. 초고속 촬영과 선명함을 자랑하는 카메라다. 니콘에서도 좀 더 낮은 가격의 클래스에서 다양한 DSLR 카메라를 판매한다. 캐논과 비슷한 렌즈군도 제공한다. 니콘에서도 F2.8 24-70mm 줌 렌즈를 판매한다.

 캐논이냐, 니콘이냐?

사진에 취미를 가진 이들이 늘 고민하는 것은 캐논이냐, 니콘이냐다. 결론부터 말하자면 인물 사진에는 캐논, 풍경 사진에는 니콘이다. 이렇게 이야기할 수 있는 이유는 대다수의 유저가 공통된 견해를 가지고 있기 때문이다. 자신의 캠핑 기록 경향을 어떻게 할 것인지를 고려하여 카메라 브랜드를 선정하자. 캠프에서 아이들의 모습을 주로 촬영한다면 캐논, 캠프 사이트와 자연 풍광을 주로 촬영한다면 니콘을 선택하면 된다.

캐논 카메라의 특성
- 인물의 얼굴 색감이 잘 살아난다.
- 붉은색의 느낌이 강하다.
- 초점이 잘 안 맞는다(요즘은 많이 개선되었음).

니콘 카메라의 특성
- 자연의 느낌을 잘 살려준다.
- 푸른색 느낌이 강하다.
- 초점이 정확하고 선예도가 높다.

푸른색이 강한 니콘

 표준 렌즈? 줌 렌즈?

시중에는 다양한 렌즈가 판매되고 있다. 일반적으로 널리 사용되는 렌즈는 보통 카메라를 구매할 때 옵션으로 부착되는 표준 줌 렌즈(18-55mm)가 있다. 그러나 이런 렌즈는 저렴한 대신 선예도가 낮고, 렌즈 밝기가 어두운 경향이 있다. 어두운 표준 줌 렌즈는 야간 촬영에 어려움이 있기 때문에 점차 표준 렌즈나 고가의 밝은 줌 렌즈를 선택하기도 한다. 초점 거리에 따른 촬영 조건을 정리하면 다음과 같다.

- 풍경 사진에 좋은 광각 렌즈: 24mm
- 인물 사진에 좋은 표준 렌즈: 35mm, 50mm, 85mm
- 활동적인 아이들을 위한 망원 렌즈: 200mm, 300mm
- 편리한 줌 렌즈: 24-70mm, 70-200mm

초기에는 줌 렌즈로 시작하자. 점차 캠핑 구력이 쌓이고, 사진에 대한 갈망이 시작되면 표준 렌즈로 갈아타거나 밝기가 밝은 고가의 줌 렌즈로 넘어가는 것이 일반적인 경향이다.

2 : 재미있는 캠핑블로그 마을

현실에서는 존재하지 않은 마을이 있다. 이름하여 '캠핑블로그 마을'이다. 언제부터인가 블로거들 사이에서 통용되는 단어다. 블로그는 자신만의 캠핑 기록을 저장하는 매우 유용한 수단이다. 다음(DAUM), 네이버(NAVER)에서 계정을 만든 후 무료로 블로그를 만들 수 있다. 초보자가 시작하기 좋은 여러 가지 디자인 툴(Design Tool)을 제공하고 있기 때문에 자신만의 고유한 블로그를 제작하기가 좋다. 캠핑 스타일별로 다양한 블로거가 존재하는데, 블로그를 방문하여 그들의 캠프 스타일을 구경하는 재미도 좋다.

이웃을 만들거나 우연히 야영장에서 만나기 시작하면 블로그 이웃이 만들어진다. 온라인에서만 존재하는 이웃이 오프라인에서 자연스럽게 만들어지는 것이 '캠핑블로그 마을'의 특징이다. 특히, 매년 캠핑블로거들 사이에서 1년에 한 번씩 열리는 행사가 있다. '캠핑블로거 대회'다. 매년 호스트를 정하고 100팀에서 150팀 정도의 캠핑블로거가 신청하여 만남을 지속한다. 이 블로거 대회의 초기 취지는 온라인에서만 서로 활동하던 블로거들을 오프라인에서 만나보자는 것이었다.

소위 레전드급 캠핑블로거를 만날 수 있는 기회를 만들어보자. 나도 그들을 오프라인에서 만나보고 마치 연예인 만난 듯이 즐거워하기도 했다. 지금은 워낙 개인주의 취향이 강해서 예전 같지는 않지만 그래도 매년 신청자를 받는 시기가 돌아오면 온라인이 뜨거운 것은 여전하다.

제1회 캠핑블로거 전국대회

🏕 캠핑 포스트 작성의 정석

캠핑의 기록을 남기는 가장 좋은 방법으로 블로그를 추천했다. 이제 자신의 블로그에 캠핑 후기를 남겨보자. 캠핑 후기를 기록하는 방법은 캠핑의 스타일 만큼이나 다양하다. 일반적인 방법으로는 시간의 흐름에 따라 기록하는 기행문 스타일이 있고, 감성이 듬뿍 묻어나는 사진 위주로 감성적인 후기를 남기는 방법도 있을 수 있다.

기행문 스타일의 포스트 작성법

기행문 스타일의 포스트는 시간의 흐름에 따라 기록하는 것이 정석이다. 출발하기 직전의 장비 준비부터 차량 트렁크에 넣은 장비, 사이트 도착의 모습, 텐트 설치 영상 등 다양한 풍경을 시간의 흐름에 따라 기록하고, 이를 블로그에 작성해보자.

- **언제?**: 캠핑 일자를 기록한다.
- **누구와?**: 캠핑을 함께한 사람들을 기록한다.
- **어디에서?**: 야영 장소를 기록한다.
- **어떻게?**: 며칠인지, 그리고 대표적인 활동을 기록한다.
- **본문의 내용**: 시간의 흐름에 따라 사진을 첨부하고 사진에 설명을 해준다.
- **느낌**: 그 캠핑의 대표적인 느낌과 사용된 장비의 장단점을 기록해본다.
- **사진 촬영법**: 기행문 스타일의 포스트를 위한 사진은 일단 많이 촬영하는 것이다. 사소한 내용까지 일일이 기록하자. 시간의 흐름에 따라 골라서 선택하면 좋다. 매직아워로 불리는 석양, 여명 즈음의 사진은 꼭 기록하자. 해가 지고 나서 30분 즈음이 가장 좋은 매직아워다. 이때 촬영된 사진은 유독 하늘이 푸르게 나온다. 인물 촬영 시 느낌이 묻어나도록 스냅사진을 찍어보자. 캠프의 즐거움이 자연스럽게 나타난다.

캠핑장 전체를 촬영한다

높은 곳에서 캠핑장을 촬영하는 것이 좋다

자신의 텐트를 촬영한다

사이트를 촬영한다

사이트를 근접 촬영한다

캠프 사이트 전체를 아우르는 사진, 텐트 사진, 테이블을 비롯한 캠핑 가구의 배치 사진은 나중에 추억이 될 수 있다. 새롭게 구매한 캠핑용품도 멋지게 촬영해보자.

 제품 리뷰 포스트 작성 방법

야영 장비를 구매하면서 자기 나름의 방식으로 기록하는 것을 제품 리뷰 포스트라고 할 수 있다. 블로거 중에는 이런 제품 리뷰를 전문적으로 잘 기록하는 사람들이 있는데, 이들을 리뷰어(Reviewer)라고 한다. 제조사에서 제품 리뷰를 잘하고 방문자 숫자가 많은, 소위 인기 있는 블로거에게 제품을 무료로 제공하고, 리뷰를 부탁하는 경우도 있다. 이는 블로그를 하는 일종의 재미이자, 자기만족이기도 하다. 무엇이든 열심히 노력하면 나름의 재미를 느끼는 기회가 온다.

- 제품 포장부터 내용물을 차례로 촬영한다.
- 가급적 야영장에서 촬영하자. 집안에서 촬영하면 느낌이 살아나지 않는다.
- 모델을 이용한다. 직접 사용하고 있는 사진이 좋다.
- 장단점을 정확하게 기록한다.
- 직접 구매한 것인지, 무료로 제공받은 제품인지 확실히 밝힌다.
- 구매 가격은 가급적 피한다.

부분적인 구도

포커스를 잘 맞춘다

제품 이미지 외에는 아웃포커스가 좋다

 찾아오는 블로그 만들기

블로그를 시작하고 느끼는 재미 중 하나는 불특정 다수의 사람들이 내 블로그를 방문하는 것과 그들이 남기는 댓글이다. 나도 처음에는 사람들이 어떻게 내 블로그를 알고 찾아오는지 의아

했는데, 몇 년을 해보니 일종의 프로세스를 파악하게 되었다. 점차 방문자의 숫자에 민감해지는 시기가 찾아오고, 어느 순간부터 방문자 그래프에 관심을 가지게 된다. 이런 경험을 하게 되면서 서서히 블로그 방문자 숫자에 둔감해지고 자신만의 블로그 원칙도 생기면서 담담하게 기록하게 된다. 대다수의 오래된 캠핑블로거가 가는 길이 비슷한 이유는 바로 이 때문이다. 그럼 찾아오는 블로그는 어떻게 만들어야 할까? 100% 장담할 수는 없지만, 경험상 방문자의 숫자를 늘리는 방법은 다음과 같다. 결론부터 이야기하자면 '블로그는 검색이다.'

사진은 블로그의 핵심

 신뢰할 수 있는 포스트의 작성

본인이 경험하고 직접 작성한 내용의 포스트로서 타인이 충분히 정보를 얻을 수 있도록 해야 한다. 검색에 걸리는 로직을 생각하면서 만든 문서는 표시가 난다.

 사용자가 쉽게 이해할 수 있어야 한다

글은 쓰는 사람의 것이 아니라 읽는 이의 것임을 명심하자. 자신만의 생각으로 어렵게 작성하고 이해가 잘 안 되는 단어는 금하자. 편하게 읽히는 글이 좋은 글이다.

서우정의 아침

키워드가 핵심이다

키워드는 쉽게 이야기해서 타인이 검색하는 단어라고 이해하자. 예를 들면 '캠핑', '야영장', '텐트' 라는 것이 제목의 중간 단어로 사용되었다면 이중에서 사람들이 '캠핑'으로 검색을 했을 때 나의 블로그 포스트가 '캠핑'이라는 검색에 노출되는 식이다. 키워드를 잘 선택하는 것이 검색의 가장 중요한 요소라고 할 수 있다. 남들이 많이 사용하는 대표적인 주제의 키워드인 '캠핑', '텐트'보다는 잘 사용하지 않는 단어를 위주로 작성하거나 사용하더라도 변형을 해서 '즐거운 여름캠핑', '가을에 하기 좋은 캠핑'과 같은 식으로 다양하게 포스트하는 것이 좋다. 자신만의 특이한 재료가 있다면, 지속적으로 올리는 것도 중요하다. 예를 들어 '캠핑 요리', '캠핑에서 즐기는 놀이' 등 계속 제목을 달리하면서 포스트를 한다면 키워드 검색에 걸릴 가능성이 높다고 할 수 있다.

동호회 정모

검색은 시간 순이다

내 포스트가 검색에 노출되어 상위에 올랐다 하더라도 며칠이 지나면 사라진다. 이는 일반적인 검색 로직에 따라 자동적으로 이루어진다. 따라서 어떤 특정 분야에 검색을 유도하고 싶다면 자주 포스팅해야 한다. 자신의 블로그를 알리고 싶다면 매일매일 포스팅을 해보자. 그러면 방문자가 늘어나는 것은 시간 문제다.

블로거 대회

 ### 제목, 본문, 태그, 지도, 사진은 필수다

포스트 제목에 '캠핑'이라는 키워드를 사용했다면 본문에도 '캠핑'이라는 키워드를 많이 사용해야 유리하다. 태그(Tag)에도 반드시 정리해두자. 사진은 가능한 한 많이 첨부하자. 장소를 소개한다면 지도를 꼭 첨부하자. 정보량이 많을수록 상위에 노출된다.

이웃을 만들자

순수한 마음으로 이웃을 만들자. 쓸데없는 서로 이웃신청은 예의가 아니다. 이웃신청은 일종의 북마크다. 내가 이웃신청을 하면 상대방이 볼 수 있는데 내 블로그에 방문하여 나의 콘텐츠가 좋으면 상대도 나를 이웃신청한다. 이렇게 이웃이 늘어나고 타인이 검색하면 내 이웃의 이웃으로 자연스럽게 노출된다. 이웃도 전략이다. 그러나 순수한 마음은 잊지 말자.

따뜻한 이웃을 만들자

 ### 포스트는 문서로 저장해놓자

지금 이 책은 내 블로그에 저장된 기록을 바탕으로 제작되었다. 중요한 점은 모든 글을 새롭게 입력했다는 것이다. 캠핑 관련 도서를 발간하게 될 줄은 몰랐다. 후회되는 점이다. 워드프로세스에 먼저 포스트 내용을 작성하고 사진도 첨부해서 틈날 때마다 준비를 해놓자. 블로그 글을 올리는 수단으로 이용해도 된다.

3 : 캠핑의 또 다른 묘미, 캠핑 동호회

나의 첫 캠핑 준비는 모두 인터넷을 통해서다. 카페에 가입하여 활발하게 활동하고 카페 정모에도 참석하고 재미있는 시간을 보냈던 기억이 난다. 이런 캠핑 동호회에 가입하여 나의 캠핑 기록을 남기고, 같은 취미를 가진 사람들과 교류하는 것도 삶의 새로운 재미라고 할 수 있다.

동호회 정모

저렴한 야영 장비 구입 - 공동 구매

지금은 그 의미가 조금 퇴색했지만, 내가 처음 오토캠핑을 준비하던 시절에는 공동 구매가 상당히 활성화되어 있었다. 국내에서 제작된 야영 장비가 흔하지 않았던 무렵, 외국의 유명한 캠핑 브랜드인 스노우피크, 콜맨, 오가와 등에서 나오는 야영 장비를 개선하여 공동 구매로 제작 판매하는 인터넷 동호회가 많았다. 특히, 유명했던 '초보캠핑'의 공동 구매 침낭은 판매와 동시에 매진되는 등 유명세를 탔다. 지금은 공동 구매라는 형식을 가지지만, 선제작 후판매의 경향이 강하기 때문에 과거와 같이 많이 판매되는 경향은 없다. 카피 제품이라는 한계를 가지므로 가격이 저렴하다는 것 외에 큰 매력은 없다. 오토캠핑이 활성화되면서 각 아웃도어 브랜드에서 다양한 제품을 출시하면서 더 이상 설 자리가 없어지는 추세다. 그럼에도 불구하고 저렴한 제품을 구매하기 위해 공동 구매를 활용하는 것도 좋은 방법이다. 자기가 가진 자금의 범위 안에서 인터넷 캠핑 동호회의 공동 구매 제품을 잘 골라보자. 주력 제품인 텐트는 가급적 브랜드 제품이 좋다. 제품의 A/S는 늘 문제가 되므로 A/S가 크게 요구되지 않은 소품 위주로 공동 구매를 하는 것이 유리하다.

저렴한 공동 구매

🏕 새로운 캠핑 세계—카페 정모

각 인터넷 캠핑 동호회에서는 봄과 가을 시즌에 정모(정기모임)을 한다. 국내 최대의 동호회인 '초보캠핑'의 정모는 티켓 발매와 동시에 매진이 되기도 한다. 이 밖의 소규모 동호회는 가족과 같은 분위기에서 정모를 진행한다. 평소 온라인으로 친목을 나누다가 오프라인에서 직접 만나 인사를 나누고 밤새 술잔을 기울이는 기분은 인생의 또 다른 재미를 느끼게 한다. 또 자신의 성향에 맞게 다양한 동호회를 찾아 정모에 참석하는 것도 좋다. 지역별, 가족의 연령대별, 자전거 혹은 카약과 같은 레저 활동 취미별로 인터넷 동호회를 찾아보자. 동호회에 가입하여 자신의 후기를 남기고 궁금한 것을 질문해보자. 실시간으로 올라오는 답글을 읽고 해결책을 찾아가는 재미 역시 쏠쏠하다.

동호회 정모

🏕 헤어날 수 없는 재미, 번개 모임

캠핑 초기 때의 일이다. 인터넷 캠핑 동호회의 번개라는 것을 처음 참석했다. 그 당시 카페의 정모에는 참석을 하지 않아서 어색했다. 그러나 캠핑이라는 취미를 주제로 이야기가 나오자, 모두 오랜 친구처럼 변하기 시작했다. 텐트 이야기에서부터 새로 판매되는 장비 이야기, 좋았던 야영 장소까지 쏟아지는 이야기는 밤을 새울 기세였다. 온라인의 인연이 오프라인으로 연결되는 경험을 통해 삶의 또 다른 묘미를 느꼈고, 그런 번개의 마력에서 벗어나는 데 한참이 걸리기도 했다. 자기와 잘 맞는 동호회에 가입하고, 정모 참석 전 어색함을 없애기 위해 번개에 참석해보자. 천군만마를 얻은 듯 정모에 가면 나의 친구들이 나를 알아보고, 반갑다고 달려들게 될 것이다.

즐거운 캠핑 모임

지속가능한 캠핑을 위한 조언

캠핑을 8년째 계속하고 있다. 최근에는 그리 자주 가지는 못한다. 사정이 있기 때문이기도 하고, 적당히 거리를 두면 그 재미가 더욱 깊어지기 때문이다. 무엇이든 너무 자주 하면 지겨워진다. 캠핑에 대한 나름의 생각을 정리해두었는데 그것이 지금부터 이야기하는 3가지다.

1 : 캠핑 친구는 난로와 같다

모닥불을 나누는 이웃들

한때 매주 캠핑을 갔던 시절이 있었다. 지금 생각하면 도대체 왜 그랬을까 싶다. 캠핑 자체가 좋아서 그랬을 수도 있지만, 사실은 캠핑을 같이 하던 친구들과 소원해지기 두려워서다. 캠핑 친구도 자주 안 보면 멀어지고, 자주 보면 또 다시 가까워진다.

2박3일 동안 같은 곳에서 숙식을 같이 하면 서로의 감정을 건드리는 언행을 하기 쉽다. 처음에는 그러려니 하고 넘어가지만, 연속해서 매주 캠핑을 같이 하면 그것이 상처가 된다. 한순간 멀어지게 되고 타인이 되어버린다. 이와 반대로 여러 명이 어울리다가 혼자가 되면 외로움과 서글픔이 밀려온다. 왕따를 당하는 느낌을 받는다. 이런 감정은 어느 사회에서나 존재한다. 적당히 만나 함께 즐기는 운영의 묘가 필요하다.

캠핑을 통해 만난 어떤 사람의 캠핑 스타일을 소개할까 한다. 그는 같은 멤버와 연속해서 4회 이상 캠핑을 하지 않는다. 같은 멤버와 3개월 동안 만났으면 3개월을 쉰다. 너무 가까이 하면 서로의 감정선을 건드리게 되기 때문이다.

'캠핑 친구 혹은 인터넷 동호회는 일종의 난로와 같다.' 이 말은 한때 열심히 활동했던 캠핑 동호회에서 읽은 책의 한 구절이다. 즉, 난로처럼 가까이가면 화상을 입는다. 너무 멀어지면 추위를 느낀다. 적당히 거리를 유지하며 서로의 감정선을 건드리지 않는 비법을 찾아야 한다. 그래야만 좋은 캠핑 친구와 오래오래 캠핑을 하면서 즐거운 인생을 살 수 있다.

캠핑의 만찬

오래된 캠우는 소중한 재산

2 : 자신만의 캠핑 스폿(Spot)을 만들자

봄, 여름, 가을에 꼭 가보는 야영장이 있다. 봄에는 꽃을 보기 위해, 여름에는 물놀이를 하기 위해, 가을에는 멋진 낙엽을 만끽하기 위해 간다. 사람들은 늘 새로운 것을 추구한다. 그래서 자신이 한 번 가본 야영장은 가급적 피하는 경향이 있다. 하지만 늘 새로운 야영장을 찾을 수는 없다. 그것도 하나의 일이기 때문이다. 심신이 힘들 때 위로를 받을 수 있는 자신만의 야영장을 찾아보자.

나만의 완소 캠핑장을 찾자

3 : 소박함이 정답이다

오토캠핑이란, 차량을 이용하여 장비를 옮기는 캠핑을 말한다. 과거 배낭에 짐을 넣고 나서는 캠핑과 비교할 수 없을 만큼 다양한 장비를 가지고 갈 수 있다. 잘 나가는 어떤 캠퍼의 사이트는 백화점 매장을 방불케 한다. 타프에는 알록달록 가랜드가 펄럭이고, 밤에는 전등불이 나이트처럼 불을 밝힌다. IGT를 비롯한 각종 캠핑 가구에 키친테이블, 릴렉스체어도 빛을 발한다. 음악을 쏟아내는 스피커는 밤새 다른 사람들의 귀를 괴롭힌다. 과연 이것이 바람직한 일일까? 나도 캠핑 초기에는 이와 비슷한 형식으로 캠핑을 했다. 캠핑을 한 번 갈 때마다 고기를 비롯해 비싼 와인, 치즈 등 평소 집에서 먹지 못하는 음식을 챙겨 간다고 상상해보라. 그 비용은 어떻게 감당할 것인가? 물론 경제적인 여유가 있거나 유명해지고 싶어서 그렇게 하는 경우도 있지만, 이와 같은 일을 반복하다 보면 지치게 되고 캠핑이 싫어지게 된다.

캠핑 비즈니스를 업으로 하는 사람들의 멋진 모습에 취하면 안 된다. 멋진 모습은 잠시일 뿐이다. 캠핑은 도구다. 자연을 즐기는 도구 그 자체다. 캠핑이라는 것에 목적을 두지 말자. 캠핑은 베이스를 제공하는 도구라는 것을 잊지 말자.

'Simple is Best'라는 말이 있다. 우리네 조상들이 사용한 최고의 야영 장비인 돗자리를 비롯한 좌식모드로 대표되는 간단모드가 결국 답일 수 있다. 간단하게 펼치고, 간단하게 철수하는 그런 캠핑이 사람을 편하게 한다. 편해야 즐겁다. 그래야 오래 간다.

음식도 소박해야 계속 먹는다. 기름진 고기를 매끼 먹을 수 없듯이 말이다. 소박해야 오래 간다. 소박하게 준비해서 떠난 캠핑이 오래 간다.

캠핑은 결국 베이스를 제공하는 도구다

소박함이 제일 좋다

캠핑과 안전

캠핑은 행복한 시간을 보내기 위한 것이다. 예기치 않은 사고가 발생하면 가족 모두가 상처를 받는다. 안전은 아무리 강조해도 지나침이 없다. 행복하고 안전한 캠핑을 위해서는 다음 사항에 주의해야 한다.

1 : 캠핑과 관련하여 야기될 수 있는 사고 유형

교통사고
- 캠핑장에 빨리 도착하려는 마음으로 인한 과속
- 초행길이거나 좁은 진입로로 인한 운전 부주의
- 들뜬 기분으로 전방 주시를 하지 못하는 경우
- 음주 운전 및 졸음 운전

물놀이 사고
- 여름철 갑작스러운 폭우로 인한 익사 사고
- 음주 후 갑작스러운 수영 및 물놀이로 인한 심장 마비
- 보호자 부재로 인한 유아 및 아동 익사 사고

상한 음식으로 인한 식중독
- 쿨러 내부 보냉재 부족으로 인한 재료 상함
- 냉동 식품 해동에 의한 식중독

- 유통 기한 초과
- 손 씻기가 어려운 야외 활동에 따른 식중독

곤충 및 동물 등에 의한 피해

- 야생 진드기 감염
- 벌집을 건드려 발생하는 벌 쏘임
- 가을철 뱀에 의한 물림 사고

음주로 인한 사고

- 음주로 인해 발생하는 사고는 치명적
- 인지도 저하로 인한 화재, 환기 부족으로 인한 사고
- 야영 시 과한 음주는 다음 날 귀가 시 안전 운전에 큰 영향을 미침
- 음주 후 야간 이동 시 낙상 또는 추락 사고

넘어지거나 낙상으로 인한 골절

- 트레킹을 동반한 캠핑에서 자주 발생
- 무리한 산행이나 음주 후 이동에 따른 추락 사고
- 우천 시 암릉 구간 이동 때 미끄럼으로 인한 추락 사고
- 봄철 해빙기 암석 추락에 의한 사고

유아의 경우 배탈, 고열 등 몸에 이상

- 아이의 상태를 확인하지 못하고 출발하는 경우
- 캠핑장에서 고열이나 복통을 호소하는 사례가 있음
- 대체로 의료 시설과 떨어진 곳이 많은 캠핑장에서 악화되는 경우가 있음
- 사전에 아이의 상태를 살펴볼 필요가 있음

- **조심성이 부족한 어린아이들로 인해 발생하는 안전사고**

  - 어른들의 부주의로 발생하는 사고가 많음
  - 음주나 담소를 나누는 사이에 어린아이들을 살피지 못함
  - 칼, 난로, 버너 등 위험성이 높은 장비로 인한 안전사고
  - 타프, 스트링 등 집기에 의한 안전사고

전기 관련 사고

- 전기용품 과다 사용에 의한 과부하
- 접힌 전기요에 의한 누전
- 낙후된 전기 시설로 인한 사고
- 감전 사고

난방 및 불 관련 사고

- 작은 텐트 내 화로 사용으로 인한 질식 사고
- 돔텐트 내 난로 사용에 의한 질식 사고
- 겨울철 부주의로 인한 난로 화재
- 화로대 불씨로 인한 화재
- 담배꽁초로 인한 화재

2 : 안전한 캠핑을 위한 준비와 대처

사고가 일어날 수 있는 요소들을 미연에 방지하는 것이 좋다.

▲ 캠핑 떠나기 전

① 계획을 세울 때 캠핑 장소 및 기타 주의할 사항이 무엇인지 사전 조사가 필요하다. 특히, 하천, 계곡, 낭떠러지와 같이 아이들에게 위험한 곳은 꼭 살펴봐야 한다.
② 떠나기 전 집안의 가스 안전 점검은 필수다. 가스의 중간 밸브를 반드시 체크하자.
③ 집이 비어 있는 동안의 전기 안전에 주의하자. 멀티 탭 전원들은 차단하고, 사용하지 않는 전기 기구의 콘센트들은 뽑아 놓자.
④ 도난 방지에 주의하자. 창문 및 출입문의 시건 장치를 확인한다.

▲ 캠핑장에서의 위험 요소 및 예방

① 출입이 금지된 곳은 모두 이유가 있다. 하지 말라는 것은 하지 말자. 어른에게는 안전한 곳이라도 어린아이에게는 위험할 수 있다. 눈높이에 맞추어 위험 요소를 차단하자.

② 전선 이용 시 한 개의 콘센트에 여러 개의 전기 코드를 꽂아두는 것은 피한다. 과열되는 것을 방지하기 위해 반드시 규정된 용량을 확인하는 것이 필요하다. 또 누전의 원인이 되는 비나 눈, 물에 전기선 및 콘센트들이 노출되지 않도록 주의하며, 낡은 전선의 사용은 피하도록 한다.

③ 강풍으로 인해 팩이 뽑힐 수 있으므로 올바른 팩 설치가 중요하다. 이 과정에서 팩이 바람에 날려 사람을 강타할 수 있기 때문에 매우 위험하다. 타프 설치 시 멋을 위해 팩 한 곳에 여러 개의 스트링을 연결하는 경우가 있는데, 이는 매우 위험하다. 바람이 강하게 분다면 아예 타프를 설치하지 않는 것이 더 안전할 수 있다.

④ 불조심은 절대적이다. 모닥불의 불티가 바람에 날려 텐트를 손상시키는 일이 흔히 발생한다. 숲에 불이 붙는다면 상상조차 하기 싫은 일이 발생한다. 주변에 소화기가 있는지 반드시 확인하자. 차량용 소화기를 텐트 내부에 배치하여 위급한 상황에 대비하도록 한다.

⑤ 어린이는 빨간 신호등이다. 자연 속에 혼자 놓아두어서는 안 된다. 물놀이도 마찬가지다. 어른이 항상 옆에서 지켜보고 있어야 한다. 수시로 눈에 띄는 곳에 있는지 살펴보자.

여름철 안전 사항

① 우기에는 폭우에 대비한다. 계곡 옆에 사이트를 설치해서는 안 된다. 주변을 둘러보고 나무가 쓰러진 곳이 있다면 그 위쪽에 텐트를 설치하자. 계곡이 범람하면서 나무가 넘어진 것이 있는지 잘 살펴보자.

② 암릉 구간에서는 산사태도 고려해야 한다. 비가 많이 내리면 미끄럼 현상에 의해 산사태가 발생할 수 있다. 과거에 산사태의 흔적이 있는 곳이라면 피해야 한다.

③ 번개가 친다면 무조건 피해야 한다. 주변에 건물이 있다면 그곳으로 피해야 한다. 번개가 치고 비가 올 때에는 설치나 철수는 잠시 접어야 한다. 전도성이 있는 물체를 잡는 것은 매우 위험하다.

④ 물놀이 시즌에는 각별히 주의해야 한다. 주변에 또래 아이들이 많이 있다는 이유로 신경을 안 쓰는 경우가 있는데, 이는 매우 위험하다. 구명조끼는 필수다. 어른들이 순번을 정해 아이들을 보살피는 것도 좋은 방법이다.

⑤ 해충과 뱀, 독충에 주의하자. 여름철 돔텐트가 필수인 이유는 이러한 위해 요소를 차단하기 위해서다.

▲ 겨울철 안전 사항

① 난방 시 화재에 주의해야 한다. 소화기를 항상 가지고 다니자. 난로 주변에 발화 가능성이 있는 물질이 있다면 미리 정리해두자.

② 환기는 필수다. 춥더라도 거실텐트의 창문은 꼭 열어두자. 일산화탄소 중독에 의한 사망 사고는 매년 발생한다. 조금 귀찮더라도 수시로 환기가 되는지 확인하자.

③ 전기 장판은 잘 사용하면 약이 되지만, 잘못 사용하면 독이 된다. 춥지 않을 정도의 세기로 조절하고, 접힌 곳이 있는지 확인하자. 전기 장판이 접히면 열이 발생하여 화재의 원인이 된다.

④ 항상 화상에 주의해야 한다. 화기가 있는 곳에는 어린아이의 접근을 차단한다. 핫팩으로 인한 저온 화상에도 주의해야 한다.

서울·경인

(※ 서울, 경기, 인천으로 나뉘어 있고 지역별 캠핑장 명칭 가나다순임)

개수대　샤워실　전기　매점　화로대　데크

이름	주소	연락처	홈페이지/소개 링크	부대 시설	기타
강동 그린웨이 캠핑장	서울시 강동구 둔촌동 562 일자산 공원 내	02-2045-7880	www.gdfamilycamp.or.kr/	개수대 샤워실 전기 매점 화로대	
난지 캠핑장	서울시 마포구 상암동 481번지 한강공원 난지캠핑장	02-304-0061~3	www.nanjicamp.com	개수대 샤워실 전기 매점 화로대 데크	
노을 캠핑장	서울시 마포구 성산동 390-1	02-304-3213	www.worldcuppark.seoul.go.kr	개수대 샤워실 전기 매점 화로대	전기 사이트 별도, 동계 폐쇄
중랑 가족캠핑장	서울시 중랑구 망우로 87길 110	02-434-4371	www.parks.seoul.go.kr/park	개수대 샤워실 전기 매점 화로대	
가평 여우가 달을 사랑할때	경기도 가평군 가평읍 태봉두밀로 596번길 78-16	031-582-4240	http://foxlove.kr/	개수대 샤워실 전기 매점 화로대 데크	
가평오렌지캠프	경기도 가평군 북면멱골로 272번길 7 가평오렌지캠프	010-2713-5561	https://cafe.naver.com/soricamping	개수대 샤워실 전기 매점 화로대 데크	
갈릴리야영장	경기도 평택시 안중읍 안중북로 119	010-9491-8987	https://www.gocamping.or.kr/bsite/camp/info/read.do?c_no=7589	개수대 샤워실 전기 매점 화로대 데크	
경반분교	경기도 가평군 가평읍 경반리 산 138-1	031-581-8010	http://www.campweek.co.kr/detail_info_1.php?detail_id=1000440	개수대 샤워실	휴대전화 통화 어려움
귀한농부학교	경기도 파주시 법원읍 금곡리 422	010-2704-7773	http://fschool.modoo.at/?link=87667zcf	개수대 샤워실 전기 매점 화로대 데크	
그린콩캠핑장	경기도 가평군 북면 화악산로 207번길 15-140	010-3527-2221	http://www.greencong.com	개수대 샤워실 전기 매점 화로대 데크	
깊은산속 캠핑장	경기도 남양주시 조안면 진중리 570	011-352-1233	http://cafe.daum.net/Ongdalsem	개수대 샤워실 전기 매점 화로대	서울 인근

이름	주소	연락처	홈페이지/소개 링크	부대 시설	기타
단풍숲나무캠핑장	경기도 용인시 처인구 원삼면 목신리 258-14	010-4301-7942	http://용인단풍숲캠핑장.com/		
둥지 오토캠핑장	경기도 가평군 설악면 묵안리 305	010-4909-2379	http://cafe.daum.net/D-CAMP/		수영장, 장작 판매
리스캐빈	경기도 가평군 설악면 유명산길 61-19	031-584-7580 010-5261-3731	http://www.leescabin.com/		주말 4~5만 원
명돈골캠핑장	경기도 가평군 북면 논남기길 19-36	010-6778-1199	http://www.mdgolcamp.co.kr/		
무지개 서는 마을	경기도 가평군 북면 도대리 71번지	011-9876-2340	https://www.gocamping.or.kr/bsite/camp/info/read.do?c_no=1118		1박 3만 원, 주변 계곡
미라클 오토캠핑장	경기도 화성시 팔탄면 덕우리 15-5	031-353-1860	http://www.miraclewaterworld.com		수영장, 찜질방
바다의별캠핑장	경기도 안산시 단원구 부흥로 359-9(대부동)	010-9943-6229	http://www.seastarcamp.co.kr		
반디캠프	경기도 파주시 광탄면 기산리 470-2	031-941-2121	http://cafe.naver.com/ksm8558k		1박 3만 원
별드림캠핑장	경기도 가평군 가평읍 개곡리 198-1	010-5028-6019	ttp://cafe.naver.com/50286019		
별을다는아이캠핑장	경기도 양주시 장흥면 권율로 309번길 132	010-8899-1628	https://blog.naver.com/star33621		
봄이 오는 캠프	경기도 양주시 백석읍 방성리 859-1	031-829-9990 010-3727-4485	http://cafe.daum.net/springcamp		1박 3만 원
북한산농바위캠핑장	경기도고 양시 덕양구 북한산로 387번길 180	010-9002-9140	https://blog.naver.com/nbs2726		
브라보 캠핑장	경기도 가평군 북면 가화로 2670-71	010-5103-1108	http://cafe.naver.com/bravocamp		
산음 자연휴양림	경기도 양평군 단월면 산음리	031-774-8133	http://www.huyang.go.kr/		
휴양림 산장관광지	경기도 가평군 상면 덕현리 산 21번지	070-4060-0189	http://www.gpfmc.or.kr/gpfmc/index.php		1박 소형 2만 원, 대형 3만 원
산정캠프B (산정오토캠프)	경기도 포천시 영북면 산정리 161	031-534-3194 010-9281-9219	http://blog.naver.com/plutokjs.do		http://blog.naver.com/plutokjs.do
산촌캠핑장	경기도 동두천시 탑신로 237번길 111(탑동동)	010-3660-5795	http://cafe.naver.com/letscamp		

이름	주소	연락처	홈페이지/소개 링크	부대 시설	기타
상아골계곡캠핑장	경기도 포천시 신북면 금동리 247-1	010-5266-0545	https://cafe.naver.com/01052660545		
수산아카데미	경기도 남양주시 수동면 수산리 369-2	031-592-6827 010-9100-7867	http://www.susanac.com/		1박 3만 원
신화캠핑소	경기도 양평군 강상면 강상로 326 신화가족목공체험 캠핑소	010-3353-7647	https://cafe.naver.com/shinhwacamp/3916		
양평갈기산펜션캠프	경기도 양평군 청운면 신론리 189	010-2476-3657	http://galgisanpensioncamp.com/		
연인산 다목적캠핑장	경기도 가평군 북면 백둔리 441번지	031-582-5701 070-4060-0828	http://gpyeonin.co.kr/		1박 2만 원
연천에브라임	경기도 연천군 신서면 연신로 866 에브라임캠핑장	010-2792-0167	https://cafe.naver.com/ephraimcamp		
오래캠핑장	경기도 가평군 북면 화악산로 233	031-581-5355	https://cafe.naver.com/metapia		
용문산 야영장	경기도 양평군 용문산로 684-0 용문산야영장	010-3267-0279	http://www.ypcamping.co.kr/		
용소캠핑장	경기도 가평군 도대리 가화로 2411-32	0507-1366-7033	http://yongso.modoo.at		
용인 자연휴양림	경기도 용인시 모현면 초부리 285	031-336-0040	http://www.yonginforest.net		짐 이동해야 함
용인힐링캠핑장	경기도 용인시 처인구 원삼면 보개원삼로 1361	010-3599-7938	http://용인힐링캠핑장.com/		
유명산라온캠핑장	경기도 가평군 설악면 유명산길 124-34	031-585-5340	https://cafe.naver.com/daonautocamping		
은사시캠핑장	경기도 파주시 적성면 자장로 115 은사시캠핑장	010-5031-4995	http://www.은사시힐링캠핑장.kr/		
이지캠핑장	경기도 가평군 설악면 유명로 2110	031-585-3103	http://www.ezcamping.co.kr/		
자라섬 캠핑장	경기도 가평군 가평읍 달전리 산 7	031-580-2700	http://www.jarasumworld.net/		사이트에 따라 요금이 다름
자연의꿈	경기도 파주시 법원읍 초리골길 248	010-6415-8829	https://zayon.modoo.at/		
중미산 자연휴양림	경기도 양평군 옥천면 신복리 산 172-19	031-771-1766	https://www.foresttrip.go.kr/indvz/main.do?hmpgId=0108		짐 이동해야 함
축령산 자연휴양림	경기도 남양주시 수동면 외방리 산 28	031-592-0681	http://www.chukryong.net		짐 이동해야 함

이름	주소	연락처	홈페이지/소개 링크	부대 시설	기타
캠핑어클락	경기도 가평군 하면 연인산로 474번길 27 캠핑어클락	010-5694-3099	http://www.campingoclock.com/		
캠핑포유	경기도 가평군 북면 화악산로 686-57(화악리 653)	031-582-8599	http://www.camping4u.co.kr		
파인트리캠핑장	경기도 포천시 이동면 연곡리 932번지	010-7584-0000	http://www.instagram.com/pinetree_camping/		
팔현캠프	경기도 남양주시 오남읍 팔현리 20	031-575-3688 011-237-3688	http://www.tourup.co.kr/		1박 2만 5,000원, 동계 불가
푸른숲캠핑장	경기도 가평군 설악면 가일리 215-9	010-5701-7880	http://www.woodcamp.co.kr/		
풍혈산캠핑장	경기도 포천시 일동면 수입리 903번지	010-2129-5115	http://phm.kr/		
하늘연캠핑장	경기도 파주시 적성면 마지초교길 22-61	010-4590-1051	http://instagram.com/sky_camp		
하마캠핑장	경기도 파주시 적성면 국사로 297 하마	010-8719-1183	https://cafe.naver.com/hamacamping		
하이캠핑장	경기도 가평군 북면 논남기길 468-33	010-4669-1474	http://www.hi-camping.com/		
한탄강 유원지 오토캠핑장	경기도 연천군 전곡읍 전곡리 640	031-833-0030	http://www.hantan.co.kr		1박 2만 원
합소 오토캠핑장	경기도 가평군 설악면 가일리 283-4	031-584-7584 010-5269-7584	http://hapso.net/v2/		1박 3만 5,000원
호수산장관광농원	경기도 여주시 가남읍 신해리 222-2	010-3181-9770	https://blog.naver.com/gmlwn2149/221013082870		
화적연캠핑장	경기도 포천시 관인면 뗏마루길 45	031-531-0575	http://화적연캠핑장.com/		
강화도아침캠핑장	인천광역시 강화군 길상면 해안남로 860-2	010-5669-0749	http://ghmorning.com		
꾸러기 자연학습장	인천광역시 서구 가정동 산 9-1	032-566-0370	http://www.ggureogi.co.kr		1박 3만 5,000원
트리캠핑장	인천광역시 옹진군 선재로 306번길 27-55 트리캠핑장	010-9447-9410	http://www.treecamping.net/		

강원도

개수대 샤워실 전기 매점 화로대 데크

이름	주소	연락처	홈페이지/소개 링크	부대 시설	기타
가리왕산 자연휴양림	강원도 정선군 정선읍 회동리 산 2-1	033-562-5833	https://www.foresttrip.go.kr/indvz/main.do?hmpgId=0113	개수대 샤워실 / 화로대	동계 폐쇄, 일부 사이트 전기 사용
갈천 오토캠핑장	강원도 양양군 서면 갈천리 118-2	033-673-0887 010-6380-2423	http://www.galchun.co.kr/	개수대 샤워실 전기 매점 데크	계곡이 좋은 곳
감악산캠핑숲	강원도 원주시 신림면 황둔리 1542	010-4000-6079	http://cafe.naver.com/gamaksancamp	개수대 샤워실 전기 매점 화로대	
강원도힐링캠핑장	강원도 원주시 신림면 황둔리 1240	010-8862-8107	https://cafe.naver.com/rkadkrcamp	개수대 샤워실 전기 매점 데크	
계방산 오토캠핑장	강원도 평창군 용평면 노동리 86	070-7798-8892 010-5329-5511	http://www.gyebangsan-camp.com	개수대 샤워실 전기 매점 화로대	
고길동캠핑장	강원도 홍천군 북방면 성동로 1625-16(북방리 946)	010-9403-7603	http://cafe.naver.com/daeryongsancamp	개수대 샤워실 전기 매점 화로대	
광덕 리조트 캠핑장	강원도 화천군 사내면 광덕리 1053	033-441-2617	http://www.campweek.co.kr/detail_info_1.php?detail_id=1000327	개수대 샤워실 매점 데크	수영장, 짐 이동
구룡 자동차 야영장	강원도 원주시 소초면 학곡리 920	033-732-5231	http://www.knps.or.kr/	개수대 샤워실 전기 매점 화로대	국립공원
금대 에코힐링캠핑장	강원도 원주시 판부면 금대리 1333-4	033-763-5232	http://www.knps.or.kr	개수대 샤워실 데크	국립공원
남강캠프	강원도 영월군 무릉도 원면무릉법흥리 1050-16	010-4878-5950	http://cafe.naver.com/namgangcamp	개수대 샤워실 전기 매점 화로대	
낭만캠프	강원도 화천군 간동면 유촌리 137-1	010-5166-6203	http://www.romanticcamp.co.kr/	개수대 샤워실 전기 매점	
느티나무캠핑장	강원도 영월군 김삿갓면 내리 계곡로 1106 느티나무쉼터	010-9963-0201	http://ntcamping.modoo.at	개수대 샤워실 전기 매점 데크	
달콤한캠핑장	강원도 홍천군 내촌면 비선동길 121-29	010-6263-8463	http://sweetcamp.kr/	개수대 샤워실 전기 매점 화로대	
두타산 자연휴양림	강원도 평창군 진부면 수항리 산 10	033-334-8815	https://www.foresttrip.go.kr/indvz/main.do?hmpgId=0243	개수대 샤워실 / 화로대	짐 이동해야 함
뜨락솔캠핑장	강원도 영월군 무릉도원면 무릉법흥로 782-26	033-374-7677	https://huepension.modoo.at	개수대 샤워실 전기 매점 데크	
리버힐즈 캠핑장	강원도 영월군 수주면 두산리 169	033-374-7900	http://www.riverhills.kr	개수대 샤워실 데크	1박 3만 원
마중패션캠핑장	강원도 횡성군 청일면 유동리 317 (유동북길 190(유동리))	033-342-3425 010-5058-0466	https://cafe.naver.com/ma7711	개수대 샤워실 전기 매점 데크 화로대	

이름	주소	연락처	홈페이지/소개 링크	부대 시설	기타
망상오토캠핑리조트	강원도 동해시 망상동 393-39	033-539-3600~02	http://www.campingkorea.or.kr		해수욕장 인근
미산분교캠핑장	강원도 인제군 상남면 내린천로 1622	010-2013-6096	http://cafe.naver.com/camptool		
미천골 자연휴양림	강원도 양양군 서면 서림리 산 89	033-673-1806	https://www.foresttrip.go.kr/indvz/main.do?hmpgId=0112		진입로 계곡이 좋음
방태산 자연휴양림	강원도 인제군 기린면 방동리 산 282-1	033-463-8590	https://www.foresttrip.go.kr/indvz/main.do?hmpgId=0109		
백담 오토캠프촌	강원도 인제군 북면 용대리 1006	033-462-9957 1566-3132	http://www.백담오토캠프촌.com		낚시
백담고을캠핑장	강원도 인제군 북면 용대리 868-1	033-462-7711	http://백담고을캠핑장.kr		
비발디캠핑파크	강원도 홍천군 서면 모곡리 99-8	010-5203-3593	http://cafe.naver.com/vivaldicampingpark		
사랑나무캠핑장	강원도 영월군 김삿갓면 내리 계곡로 131-12	010-4281-3500	http://cafe.naver.com/lovetreecamp		
사슬치오토캠핑장	강원도 영월군 주천면 용석리 339	010-2699-2146	http://cafe.naver.com/saseulchi		
산노리캠핑장	강원도 원주시 신림면 황둔리 1000	010-2995-3272	http://cafe.naver.com/hdcps		
살둔산장	강원도 홍천군 내면 율전리 212	033-435-5984 010-2620-2545	http://www.saldun.co.kr		1박 4만원, 주변 계곡, 래프팅
삼봉자연휴양림	강원도 홍천군 내면 광원리 산 197-1	033-435-8536	https://www.foresttrip.go.kr/indvz/main.do?hmpgId=0107		휴양림
설악동자동차야영장 설악C지구	강원도 속초시 설악동 375-3	033-636-1262	http://seorak.knps.or.kr		전기사이트 별도
송지호오토캠핑장	강원도 고성군 죽왕면 동해대로 6090	033-680-3352	http://camping.goseong.org/		해수욕장 인근
아름채캠핑장	강원도 횡성군 청일면 신대리 119-1	010-9097-1696	http://cafe.naver.com/areumchaecamping		
양양 바다캠프장	강원도 양양군 손양면 송전리 21-19	033-672-3386 010-5357-7600	http://www.badacamp.com		해수욕장 인근
양양 솔밭 가족캠프촌	강원도 양양군 손양면 송전리 218-4	033-672-8782 010-3420-4372	http://www.solbatcamp.com		해수욕장 인근
양양오토캠핑장	강원도 양양군 손양면 송전리 26	033-672-3702 010-9468-0630	http://www.camping.kr/		해수욕장 인근

이름	주소	연락처	홈페이지/소개 링크	부대 시설	기타
영월 별마로 펜션 캠핑	강원도 영월군 무릉도원면 무릉법흥로 1078-22	010-4127-0402	http://www.영월펜션.net/		
영월힐링캠프	강원도 영월군 무릉도원면 법흥리 181번지	010-4915-5950	https://cafe.naver.com/camphealing		
오대산 소금강 자동차 야영장	강원도 강릉시 연곡면 삼산 2리	033-661-4161	http://www.knps.or.kr		국립공원
외룡캠핑장	강원도 영월군 김삿갓면 영월동로 2696 영월외룡캠핑장	010-2557-1158	http://www.orcamping.co.kr/		
요기는캠핑장	강원도 영월군 무릉도원면 도원운학로 1524-45	010-7797-7220	http://cafe.naver.com/yogicamping		
용골송어캠핑장	강원도 평창군 용평면 운두령로 767-17 용골송어와캠핑	010-9114-2611	https://cafe.naver.com/yonggol		
용대 자연휴양림	강원도 인제군 북면 용대리 산 262-1	033-462-5031	http://www.toursorak.com/inge/inge-15.html		휴양림
용대리폭포가있는 캠핑장	강원도 인제군 북면 용대리 366-2	010-7732-6900	http://www.mannacamp.co.kr/		
용화산 자연휴양림	강원도 춘천시 사북면 고성리 산 102	033-243-9261	https://www.foresttrip.go.kr/indvz/main.do?hmpgId=0222		휴양림
용화산 프라임캠핑장	강원도 춘천시 사북면 고성리 36-1	010-9956-8254	http://www.yhcamping.co.kr		수영장
원주물가애(愛) 캠핑장	강원도 원주시 호저면 칠봉로 840-73	010-8330-5002	https://cafe.naver.com/yonggokli		
원주두리친구캠핑장	강원도 원주시 신림면 황둔리 525	010-9025-4323	https://cafe.naver.com/7942camp		
원주매봉캠핑장	강원도 원주시 신림면 황둔리 1625-1	010-5333-3336	http://www.maebongcamp.kr/		
원주참숯가마캠핑장	강원도 원주시 신림면 솔치로 88	010-2217-4793	http://cafe.naver.com/hdcscamp		
자연펜션캠핑장	강원도 영월군 김삿갓면 내리 616	010-2977-7818	http://자연펜션캠핑장.com		
자연이랑캠프	강원도 영월군 수주면 무릉법흥로 1174	010-3450-3093	http://withnaturecamp.modoo.at/		
정원펜션캠핑장	강원도 강릉시 주문진읍 삼교리 761-3번지	010-9936-3015	http://cafe.naver.com/campingandgarden		
지구별캠프	강원도 영월군 무릉도원면 무릉법흥로 1104	010-2100-6045	https://gigucamp.modoo.at/		

이름	주소	연락처	홈페이지/소개 링크	부대 시설	기타
집다리골 자연휴양림	강원도 춘천시 사북면 지암리 산 5	033-243-1442~3	http://www.jipdari.com		휴양림, 동계 폐쇄
철원학마을캠핑장	강원도철원군동송읍도피동길 72-1	010-4179-9802	https://cafe.naver.com/hackcamp		
청태산 자연휴양림	강원도 횡성군 둔내면 삽교리	033-343-9707	https://www.foresttrip.go.kr/indvz/main.do?hmpgId=0106		휴양림
치악신림오토캠핑장	강원도 원주시 신림면 성남로 194	010-5180-2351	http://cafe.naver.com/chiakslc		
하오재캠핑장	강원도 철원군 근남면 하오재로 1235번지 하오재캠핑장	033-458-0905	http://cafe.naver.com/dreamvillcampgp1		
한다리골캠핑장	강원도 원주시 소초면 백교길 84-11	010-9674-0101	http://www.치악산캠핑장.kr/		
한스캠핑장	강원도 원주시 신림면 황둔리 573번지	010-3140-8389	http://cafe.naver.com/hanscamping1		
한울오토캠핑장	강원도 원주시 신림황둔로 1032	010-9210-5860	http://cafe.naver.com/ghkdenslove		
해담구룡령야영장	강원도 양양군 서면 구룡령로 2066 구룡령야영장	010-9013-4448	https://cafe.naver.com/haedamcamping		
행복빌리지	강원도 원주시 신림면 신림황둔로 662 행복빌리지	010-9317-2559	https://cafe.naver.com/happyvillage11		
홍천강 오토캠핑장	강원도 홍천군 북방면 장항리 188	033-430-2498	http://hcleports.com		국민 여가 캠핑장
홍천살둔마을 생둔분교	강원도 홍천군 내면 율전리 221-4	033-434-3798 010-5279-0366	http://saldun.invil.org/		1박 3만원, 주변 계곡, 래프팅
홍천서석캠핑장	강원도 홍천군 서석면 고분대월길 67	010-5222-5799	https://seoseokcamping.modoo.at/		
홍천해솔캠핑장	강원도 홍천군 내촌면 논골길 91	010-5016-0722	https://haesolcamping.modoo.at/		
화암약수 야영장	강원도 정선군 동면 화암리 1183	033-562-1944	http://www.jsimc.or.kr/sub/		화암약수
황금박쥐캠핑장 (춘천)	강원도 춘천시 남산면 산수리 458	010-6539-9119	https://batmancamp.modoo.at		
횡성자연휴양림	강원도 횡성군 갑천면 정포로 430번길 113 THATS CAMPING 횡성자연휴양림 야영장	033-344-3391	https://www.foresttrip.go.kr/indvz/main.do?hmpgId=ID04030002		
횡성동당미계곡 캠핑장	강원도 횡성군 서원면 압곡리 298-31	033-345-5857	https://www.gocamping.or.kr/bsite/camp/info/read.do?c_no=873		

경상도

개수대 / 샤워실 / 전기 / 매점 / 화로대 / 데크

이름	주소	연락처	홈페이지/소개 링크	부대 시설	기타
가산산성야영장	경상북도 칠곡군 동명면 득명리 113-1	054-602-5900	https://camping.gb.go.k	개수대, 화로대	도립공원
검마산 자연휴양림	경상북도 영양군 수비면 신원리 산 26	054-682-9009	https://www.huyang.go.kr	개수대, 샤워실	휴양림, 집 이동해야 함
계명산 자연휴양림	경상북도 안동시 길안면 고란리 산 1-1	054-822-6920	http://www.andongtour.com	개수대	휴양림, 집 이동해야 함
구수곡 자연휴양림	경상북도 울진군 북면 상당리 325	054-789-5470	http://gusugok.uljin.go.kr	개수대	지방자치단체 휴양림 예약
금원산 자연휴양림	경상남도 거창군 위천면 상천리 산 61	055-254-3971	https://www.foresttrip.go.kr/indvz/main.do?hmpgId=ID02030077	개수대, 매점	휴양림, 집 이동해야 함
남해 편백 자연휴양림	경상남도 남해군 삼동면 봉화리 2154-2	055-867-7881	http://www.huyang.go.kr	개수대, 샤워실	휴양림, 집 이동해야 함
당항포 관광지	경상남도 고성군 회화면 당항리 당항포관광단지 950-1	055-670-4501 / 070-8829-4501	http://dhp.goseong.go.kr//03pension/0102.asp	개수대, 샤워실, 전기, 화로대	해수욕장 인근
불정 자연휴양림	경상북도 문경시 불정동 산 71-1	054-552-9443	http://www.mgbjforest.or.kr/	개수대	야영장은 7, 8월 이용
비슬산 자연휴양림	대구 달성군 유가면 산 10	053-668-5333	http://www.dalseong.daegu.kr/bisulsan	개수대	야영장은 7, 8월 이용
사등오토캠핑장	경상남도 거제시 사등면 사등리 1316-16	055-636-3727	http://www.camping-car.co.kr/	개수대, 샤워실, 전기	찜질방
상족암 군립공원 야영장	경상남도 고성군 하이면 덕명리 32	055-670-2827, 4461	https://blog.naver.com/dinogoseong/220881068890	개수대, 샤워실, 매점, 화로대	해수욕장 인근
성주봉 자연휴양림	경상북도 상주시 은척면 남곡리 산 50	054-541-6512~3	http://seongjubong.sangju.go.kr	개수대, 매점	야영장은 7, 8월 이용
소백산국립공원 삼가 자동차야영장	경상북도 영주시 풍기읍 삼가리 320	054-637-3794	http://www.knps.or.kr/	개수대, 샤워실, 매점, 화로대	국립공원
송정 자연휴양림	경상북도 칠곡군 석적면 반계리 산 9-1	054-979-6600~1	http://www.songjeong.go.kr	개수대, 샤워실	휴양림, 집 이동해야 함
옥성 자연휴양림	경상북도 구미시 옥성면 주아리 산 145-1	054-481-4052~3	http://www.gumihy.com	개수대	집 이동해야 함, 지방자치단체 휴양림 예약, 동계 폐쇄
욕지도파라다이스 오토캠핑장	경상남도 통영시 욕지면 유동길 111	010-3579-1145	https://blog.naver.com/PostList.nhn?blogId=pero	개수대, 샤워실, 매점, 화로대	
운문산 자연휴양림	경상북도 청도군 운문면 신원리 산 29-6	054-371-1327	http://www.huyang.go.kr	개수대	휴양림, 집 이동해야 함
주왕산 국립공원 상의 자동차야영장	경상북도 청송군 부동면 상의리 361 일원	054-873-0018	http://www.knps.or.kr/	개수대, 전기	국립공원, 일부 전기 사용
지리산 국립공원 내원사 자동차야영장	경상남도 산청군 삼장면 대포리 산 105-4	055-972-7775, 7771	http://www.knps.or.kr/	개수대, 샤워실	일부데크, 전기사용, 집 이동해야 함, 동계 폐쇄

이름	주소	연락처	홈페이지/소개 링크	부대 시설		기타
청송 자연휴양림	경상북도 청송군 부남면 대전리 산 69-1	054-872-3163	http://www.csforest.co.kr			휴양림, 짐 이동해야 함, 하절기야영오픈
청옥산 자연휴양림	경상북도 봉화군 석포면 대현리 산 13-64	054-672-1051	http://www.huyang.go.kr			휴양림, 일부 전기 사용
칠보산 자연휴양림	경상북도 영덕군 병곡면 영리 산 214	054-732-1607	http://www.huyang.go.kr			휴양림, 짐 이동해야 함
토함산 자연휴양림	경상북도 경주시 양북면 장항리 산 599-1	054-772-1254	http://rest.gyeongju.go.kr/			휴양림, 짐 이동해야 함
통고산자연휴양림	경상북도 울진군 서면 쌍전리 산 150-1	054-783-3167	http://www.huyang.go.kr			휴양림, 짐 이동해야 함
한려해상 국립공원 학동 자동차야영장	경상남도 거제시 동부면 학동리 257-1	055-640-2400	http://www.knps.or.kr/			해수욕장 인근

충청도

개수대 샤워실 전기 매점 화로대 데크

이름	주소	연락처	홈페이지/소개 링크	부대 시설	기타
가마실 캠핑장	충청북도 제천시 의병대로 61길 50	043-651-3031	https://cafe.naver.com/oranges9hvb		
괴강관광농원 캠핑장	충청북도 괴산군 칠성면 괴강로 354-14	043-834-5558 010-5171-5941	https://cafe.naver.com/emoonriver		
다릿재농원캠핑장	충청북도 충주시 산척면 밀목길 109-13	010-9444-1176	https://www.gocamping.or.kr/bsite/camp/info/read.do?c_no=668		
달숲캠핑장	충청북도 제천시 금성면 월림리 16	010-2301-5034	http://cafe.naver.com/dalsurp		
덕동골캠핑장	충청북도 제천시 백운면 덕동로 2길 23-23	010-4315-6978	http://www.ddcamp.com/		
덕동산마루캠핑장	충청북도 제천시 백운면 덕동로 161-3	010-2828-7796	https://cafe.naver.com/deokdonghuecamping/768		
독립기념관 야영장 (서곡 야영장)	충청남도 천안시 목천읍 남화리 230	041-560-0355	http://www.i815.or.kr/html/kr/		일부 데크
몽산포 오토캠핑장	충청남도 태안군 남면 신장리 358-3	011-409-9600 011-408-6868	http://www.몽산포오토캠핑장.com/		해수욕장 인근
박달재 자연휴양림	충청북도 제천시 백운면 평동리 산 71	043-652-0910	http://www.cbhuyang.go.kr/bakdaljae		지방자치단체 휴양림 예약
밤별캠핑장	충청북도 충주시 앙성면 모점 1길 229 밤별캠핑장	010-5462-7717	http://www.bambyul.co.kr/		
별수하캠핑장	충청북도 제천시 백운면 운학 3길 19	010-8238-1005	https://cafe.naver.com/starskycamping		

이름	주소	연락처	홈페이지/소개 링크	부대 시설	기타
속리산 사내리 야영장	충청북도 보은군 내속리면 사내리 산 3	043-543-3615 010-2304-5234	http://sanaeri.modoo.at/	샤워장, 화장실, 취사장	사설 야영장
송호리 국민관광지 야영장	충청북도 영동군 양산면 송호리 299-1	043-740-3228	http://www.yd21.go.kr/portal/html/sub01/0101.html	샤워장, 화장실, 취사장, 매점, 데크	짐 이동해야 함, 수영장
스카이운학캠핑장	충청북도 제천시 백운면 운학 3길 18	010-4038-4583	http://www.스카이오토캠핑.com/	샤워장, 화장실, 취사장, 매점, 데크, 화로	
엉클캠프	충청북도 제천시 봉양읍 오전리 225-5번지	010-6495-9811	http://www.unclecamp.com/	샤워장, 화장실, 취사장, 매점, 데크, 화로	
엘림펜션캠핑장	충청북도 제천시 덕산면 월악산로 2길 70-17	043-647-7828 010-3024-7828	http://www.elimps.co.kr/	샤워장, 화장실, 취사장, 매점, 데크, 화로	
오서산 자연휴양림	충청남도 보령시 청라면 장현리 산 52-2	041-936-5465	https://www.foresttrip.go.kr/indvz/main.do?hmpgId=0191	샤워장, 화로	짐 이동해야 함
월악산 국립공원 닷돈재 야영장	충청북도 충주시 수안보면 미륵리 174 일원	043-653-3250	http://worak.knps.or.kr/	샤워장, 화장실	짐 이동해야 함
월악산 국립공원 송계자동차 야영장	충청북도 제천시 한수면 송계리 1172-8 일원	043-653-3250	http://www.knps.or.kr/	샤워장, 화장실, 취사장, 데크	짐 이동해야 함
월악힐링캠핑장	충청북도 제천시 덕산면 월악산로 767	010-8828-0440	https://cafe.naver.com/cshj7680	샤워장, 화장실, 취사장, 매점, 데크, 화로	
제천선녀와나무꾼 펜션&캠핑	충청북도 제천시 청풍면 신리 216	010-3499-9816	http://happycheongpung.co.kr/	샤워장, 화장실, 취사장, 매점, 데크, 화로	
제천승마오토캠핑장	충청북도 제천시 봉양읍 용두대로 40길 172-22	010-3374-0333	http://www.jchclub.co.kr/	샤워장, 화장실, 취사장, 매점, 데크, 화로	
청포 아일랜드	충청남도 태안군 남면 양잠리 1230-56	041-672-2422 041-2002-7755	http://www.cpisland.kr	샤워장, 화장실, 취사장, 매점, 데크	해수욕장 인근
충주반딧불오토캠핑장	충청북도 충주시 엄정면 가춘리길 19	010-4005-3229	http://충주반딧불캠핑.com/	샤워장, 화장실, 취사장, 매점, 데크, 화로	
칠갑산 오토캠핑장	충청남도 청양군 대치면 작천리 30-12	041-940-2700	http://camping.cheongyang.go.kr/	샤워장, 화장실, 취사장, 데크, 화로	낚시
태안 해안국립공원 학암포 자동차야영장	충청남도 태안군 원북면 방갈리 515-79	041-670-2545 041-674-3224	http://www.knps.or.kr/	샤워장, 화장실, 취사장	해수욕장 인근
파도리아치내캠핑장	충청남도 태안군 소원면 파도리 1318	010-3668-9161	https://achinae.modoo.at/	샤워장, 화장실, 취사장, 매점, 데크, 화로	
햇살아래캠핑장	충청북도 충주시 대소원면 창현로 809 193	010-5483-4132	http://cafe.daum.net/hsarsm	샤워장, 화장실, 취사장, 매점, 데크, 화로	
행복한나드리캠핑장	충청북도 제천시 봉양읍 옥전리 286-1	010-9406-7070	http://cafe.naver.com/blissnadricamping	샤워장, 화장실, 취사장, 매점, 데크, 화로	
화양구곡 야영장 (속리산화양동야영장)	충청북도 괴산군 청천면 화양리 산 496	043-833-3871	http://hwayangcamp.com	샤워장, 화장실, 취사장, 매점, 데크	화양구곡
희리산 자연휴양림	충청남도 서천군 종천면 산천리 산 35-1	041-853-2230	https://www.foresttrip.go.kr/indvz/main.do?hmpgId=0187	샤워장, 화장실, 화로	짐 이동해야 함

전라도

개수대 샤워실 전기 매점 화로대 데크

이름	주소	연락처	홈페이지/소개 링크	부대 시설	기타
가인 자동차야영장	전라남도 장성군 북하면 약수리 108	061-393-3088	http://www.knps.or.kr/	개수대, 샤워실, 전기	국립공원
강진 베이스볼 파크리조트 캠핑장	전라남도 강진군 도암면 학장리 83-9	010-6601-8013	http://www.gjbpr.com	개수대, 전기, 화로대	수영장
깊은골자동차야영장	전라북도 무주군 구천동로 1284-6 깊은골자동차야영장	010-8780-7750	https://cafe.naver.com/deogyucamp	개수대, 샤워실, 전기, 매점, 화로대, 데크	
낙안 민속 자연 휴양림	전라남도 순천시 낙안면 동내리 산 3-1	061-754-4400	https://www.foresttrip.go.kr/indvz/main.do?hmpgId=0200	개수대, 샤워실, 데크	짐 이동해야 함
다도해 국립공원 팔영산 자동차야영장	전라남도 고흥군 점암면 성기리 산 132-4	061-554-5474	http://www.knps.or.kr/	개수대, 샤워실, 화로대, 데크	국립공원
덕동 국립공원 야영장	전라북도 남원시 산내면 덕동리 74 일원	063-630-8900	http://www.knps.or.kr/	개수대	전기 사이트 별도
덕유산 국립공원 야영장	전라북도 무주군 설천면 삼공리 산 60-5	063-322-3173	http://www.knps.or.kr/main/main.do	개수대, 샤워실, 전기	국립공원, 전기 사용 지역, 구분되어있음
도림사 오토캠핑 리조트	전라남도 곡성군 곡성읍 구원리 553-3	061-363-6224	http://www.dorimsacamping.com	개수대, 화로대	전기 사이트 별도
돌산도 캠핑장	전라남도 여수시 돌산읍 한려파크 1404-4	010-4772-4504	http://cafe.naver.com/dolsandocamping	개수대, 샤워실, 전기, 매점, 화로대	사설 야영장
땅끝 오토캠핑 리조트	전라남도 해남군 송지면 송호리 1245	061-534-0830	http://autocamp.haenam.go.kr	개수대, 샤워실, 전기, 매점, 화로대	해수욕장 인근
몽돌바다캠핑장	전라남도 신안군 암태면 신석리 413-2	061-262-8872	http://www.bada-camp.com/	개수대, 샤워실, 전기, 매점, 화로대, 데크	
무궁화 오토캠핑장	전라북도 완주군 고산면 오산리 808	063-290-2762	https://www.gocamping.or.kr/bsite/camp/info/read.do?c_no=260	개수대, 샤워실, 전기, 매점, 화로대	국민여가캠핑장
반디랜드	전라북도 무주군 설천면 청량리 1100	063-320-5641	http://bandiland.muju.go.kr/index.9is	개수대, 샤워실	짐 이동해야 함
방화동 가족휴가촌	전라북도 장수군 번암면 사암리 625	063-353-0855 063-350-2562	http://www.jangsuhuyang.kr/Banghwa2	개수대, 샤워실, 전기, 화로대, 데크	전기 사이트 별도
백운산 자연휴양림	전라남도 광양시 옥룡면 추산리 981-1	061-797-2655	http://bwmt.gwangyang.go.kr/	개수대, 샤워실, 전기, 데크	짐 이동해야 함
섬지캠핑장	전라남도 구례군 토지면 외곡리 963-4	010-3620-5578	http://seomji.modoo.at/	개수대, 샤워실, 전기, 매점, 화로대, 데크	
에코캠핑	전라북도 완주군 동상면 대아리 279	010-9747-4545	http://cafe.daum.net/ecocamp	개수대, 샤워실, 전기, 매점, 화로대	사설 야영장

이름	주소	연락처	홈페이지/소개 링크	부대 시설	기타
여수 굴전 여가캠핑장	전라남도 여수시 돌산읍 평사리 1324	1588-3896	http://camping.ysmbc.co.kr/main/index.html		국민여가캠핑장
와룡 자연 휴양림	전라북도 장수군 천천면 와룡리 산 84-2 외 1필	063-353-1404	http://www.jangsuhuyang.kr/Waryong/		지방자치단체 휴양림 예약
운장산 자연휴양림 야영장	전라북도 진안군 정천면 갈용리 산 183	063-432-1193	https://www.foresttrip.go.kr/indvz/main.do?hmpgId=0194		짐 이동해야 함
웅천 해변공원 캠핑장	전라남도 여수시 웅천동 1692	061-690-2114	https://www.yeosu.go.kr/tour/travel/island_beach?mode=view&idx=870		해수욕장 인근
웅포 관광지 캠핑장	전라북도 익산시 웅포면 웅포리 729	063-861-7800	http://camping.iksan.go.kr/		짐 이동해야 함
월출산 국립공원 천황사야영장	전라남도 장성군 북하면 약수리 108	061-393-3088	http://www.knps.or.kr/		국립공원
장성편백힐치유의숲	전라남도 장성군 북하면 하남실길 212	010-3236-3001	http://heal3001.modoo.at		
정남진 편백숲 오토캠핑장	전라남도 장흥군 안양면 기산리 751-3	061-864-0979	http://www.정남진편백숲오토캠핑장.com/		사설 야영장
제암산 자연휴양림	전라남도 보성군 웅치면 대산리 산 113-1	061-852-4434	http://www.jeamsan.go.kr		짐 이동해야 함
홍길동 테마파크 야영장	전라남도 장성군 황룡면 아곡리 303	061-394-7242	http://hong.jangseong.go.kr		테마파크
흥부골 자연휴양림	전라북도 남원시 인월면 인월리 산 53-1번지 산 53-1	010-4155-3124 010-4027-7823	http://흥부골자연휴양림.kr		사설 야영장

제주도

개수대 샤워실 전기 매점 화로대 데크

이름	주소	연락처	홈페이지/소개 링크	부대 시설	기타
돈내코 야영장	제주 서귀포시 상효동 1459	64-733-1584	https://han.gl/zt4B1		짐 이동해야 함
모구리 야영장	제주 서귀포시 성산읍 난산리 2960-1	064-760-3408	http://moguri.sgpyouth.or.kr		짐 이동해야 함
서귀포 자연휴양림	제주 서귀포시 대포동 산 1-1	064-738-4544	http://huyang.seogwipo.go.kr		짐 이동해야 함